CEO 영업교과서

고객을 리드하는 영업의 해법

최 용 주

프롤로그

경영 현장을 떠나서 학교에 몸을 담은지 10년째다. 학교에 와서 정착을 위해 노심초사 하던 끝에 영업을 연구하자는 결심을 한지도 9년이 되었다. 지금 시점에서 영업 연구를 시작하던 때를 돌아보면 부끄럽기 짝이 없다. 왜냐하면 지금까지도 언제나 나를 괴롭혀 왔던 것은 "나의 강의와 연구가 현장의 영업성과에 어떤 도움을 줄 수 있는가"에 대한 강박관념이 있었기 때문이다. 강박관념은 한 동안 MBA과정에서 영업 강의를 중단하게 만들기도 했었다.

호기롭게 영업은 3S Strategic, Systematic, Scientific 해야 한다고 자신 있게 주장했었지만 그때 조차도 여전히 한 쪽 구석은 답답함이 있었다. "그래서 그게 어쨌다는 건데?"라는 스스로에 대한 질문 때문에 더욱 그랬다. 이 해답을 찾는 것은 나에게 매우 중요하고 힘든 일이었다. 한동안 해외의 선도적인 연구자들에게 무작정 메일을 보내서 연구를 같이 하자고도 해보았고, 수많은 논문으로부터 답을 찾겠다는 시도도 했었다. 지성은 감천이라고 이러한 시도들은 작은 성과를 안겨주기는 했었다. 노력은 배반하지 않는다는 글귀처럼 말이다.

"모르는 게 없지만 효과가 없는 게 이론이다. 반면에 모든 게 잘 돌아가지만 왜 그런지 아무도 모르는 게 실천이다. 이곳에서는 이론과 실천이 붙어 다닌다. 아무런 효과도 없는데 아무도 그 이유를 모른다."

영업 현장에 대한 풍자적인 문장은 연구의 한계로 계속 맴돌았을 뿐이었다. 지금까지 영업에 관한 연구는 언제나 "착하게 살라"는 어느 불량 집단의 구호처럼 현실과 달랐다.

이론과 실천 간의 괴리는 영업교육이 언제나 후 순위에 있었던 주요 원인이 되었다. 허공에 맴도는 구호처럼 영업은 연구나 교육계에 있어서 천박한 취급을 받고 있었을 뿐이었다.

혁신이란 멋진 단어는 전략과 비즈니스 모델 전문가들의 보도寶刀처럼 사용되고 있었다. 전략과 혁신을 외치는 분야 또한 태산명동 서일필泰山鳴動鼠一匹 : 태산을 울릴 듯이 시끄러웠지만 정작 튀어 나온 것은 쥐 한 마리 뿐 : 거창한 데 실속이 없다는 뜻으로 쓰임임을 알고는 있었지만 영업에 관한 연구가 이와 다르지 않다는 평가를 받기는 싫었다.

지금도 영업은 여전히 학계가 품고 있지 못하는 분야로 머물러 있다. 영업이 전략, 마케팅, 인사, 평가 등 경영의 모든 활동을 포괄하고 있음에도 불구하고 교수가 되고자 하는 연구자들에게 외면 받는 분야의 하나로 남아 있을 따름이었다. 물론 컨설팅 업계에 있어서는 매력적인 분야일지는 모르겠다. 어떤 연구결과는 충실한 내용을 담고 있는 것도 있었다. 하지만, 이런 책조차도 현장의 영업을 담당하는 직원 들에게는 모자란 울림일 뿐이었다. 아무리 영업의 속성이 '다 해봤다'라는 말처럼 혁신의 피로감을 표현하거나 '어디 한번 무엇을 도와줄 수 있는지 들어나 보자'라는 영업 직원의 빈정거림으로 대변될 수 있을지라도 말이다. 학문의 영역이 도달하지 못했던 이 바닥은 자신의 영업 경험, 독특한 일부의 성공조건의 체험 또는 관찰을 기반으로 모든 것이 진행되었다. '경험자는 말한다'는 증언록처럼 말이다. 증언록은 영업사원에게 힌트를 주거나 성공 스토리를 통해서 짠한 감동을 줄 수는 있었을지 모르겠다. 하지만 여전히 영업은 노력에도 불구하고 치외법권 지역처럼 경영학의 학문에서는 외톨이였을 뿐이었다. 어떤 사람은 '사농공상士農工商'의 후유증으로 지적하기도 하지만 이 또한 날카로운 지적에 불과했을 뿐이었다. 그럼에도 여전히 영업은 기업 내에서 사람과 돈이 가장 많이 투입되고 있는 분야로 남아있다. 경영학 연구의 그늘에 있는 것이 영업이었다.

사람은 부지불식간에 깨달음을 얻는다고 한다. 어떤 사람은 허구헌날 깨달았다는 말을 입에 달고 살긴 하지만 깨달음에도 확실히 경중은 있는 듯하다. 이럴 때 누군가의 조언은 강한 깨우침을 가져다 주곤 한다. 영업의 연구가 막장에 다가서 있던 내가 들었던 빛과 같은 조언처럼…

"영업을 역량이나 실력, 관계 등등으로 성공요인을 구분하고 있는데 사실은 상황Situation아닌가요?"

이 글은 그렇게 누군가의 질문으로부터 출발하였다. 영업 직원은 수많은 상황에 직면해서 일처리를 하고 성과를 만들어가는 사람이다. 영업교육이 왜 효과가 없었을까?에 대한 해답도 여기에 있었다. "현장과 밀착된 날카로운 시야"가 바로 영업의 길이었음을 왜 몰랐을까? '날카로운 시야'는 영업을 바라보는 관점Perspective으로부터 출발한다. 하나의 상황을 바라보는 시각은 다양하다. 문제해결의 방법도 다양하다. 영업사원은 다양한 시각을 갖고 있어야 한다. 그 시각은 현장의 상황대처에서 시작되기 때문이다. 이와같은 연장선에서 교육도 바라보아야 한다. 영업사원에 대한 정신교육으로 모든 것이 해결될 수 없다. 제품교육, 롤 플레잉Role Playing 등으로도 모자람은 분명코 있다. 가장 중요한 것은 각종 상황을 바라보는 관점과 대처하는 전략과 방법, 디테일에 해답이 숨어 있었다.

그런 면에서 이 글은 영업에 관한 시각을 제공하기 위해 준비되었다. 어쩌면 경영자에게는 경영에서 발생하는 각종 상황에 대한 시각을 제공해 줄지도 모르겠다. 관리자에게는 거래상황을 바라보는 시각을 제공해 줄 수 있을 것이다. 바램이 있다면 영업사원에게 현장에 관한 새로운 시각뿐이 아니라 자신의 경력관리에도 새로운 시각이 되기를 바라는 마음에서 준비되었다.

이 책의 시작과 끝은 현장이고 고객이다. 바라보는 관점의 변화이다.

이 책을 보는 관점

50년대 미국 대학에 경영학 분야가 자리를 잡으면서 학문의 정체성을 두고 논쟁이 뜨거웠던 시절이 있었다. 경영학은 과연 science인가? 아니면 art인가? 사실 당시 경영학 전공이 대학 사회에 뿌리를 잘 내리기 위해서는 경제학이나 심리학 같은 여타 사회과학 분야처럼 과학적인 성격이 강조될 필요가 있었다. 반면에 경영학이 지나치게 학문적 엄밀성을 강조하다 보니, 우수한 경영자를 육성한다는 본래의 설립 취지에 부응하지 못한다는 문제 제기도 있었다. 특히 물리학, 철학 등 일반 학문과 달리, 경영학은 법학, 의학, 공학과 유사하게 대학에서 전문가professionals 집단을 양성한다는 측면에서 일리 있는 문제제기였다.

그렇다면 지금의 현실은 어떠한가? 경영학이 'science냐, art냐'라는 논쟁은 무의미해졌다. scientific art라고 부르던, artistic science라고 부르던 간에, 현실 경영에서 science와 art는 둘 다 중요하기 때문이다. 현대 기업에서 새로운 상품이나 서비스를 설계할 때, 소비자를 조사하지 않는 기업이 있을까? 혹은 대규모 설비 투자를 집행할 때, 투자안에 대한 수익률을 분석하지 않는 기업이 있을까? 이미 기업 현장에서는 지난 100년 동안 개발된 다양한 과학적 지식들을 실제 경영에 접목해서 활용하고 있다.

물론 경영자들이 교과서나 이론만 맹신하면서 기업을 운영한다는 의미도 결코 아니다. 현명한 경영자들은 교과서나 수업 시간을 통해 배운 이론과, 실제 경영이 차이가 난다는 점을 간파하고 있기 때문이다. 왜냐하면 사례 수업이나 시뮬레이션은 당장 결과를 알 수 있지만, 현실에서의 결정은 시간이 지나야 효과가 나타나기 때문이다. 또한 모의실험은 결과에 영향을 미치는 변수들을 통제할 수 있지만 현실 경영은 통제할 수 없는 수많은 변수가 결과에 영향을 미친다. 결과적으로 science와 art에 모두 능한 현명한 경영자가 성공할 가능성이 높은 것이다.

그런데 기업 경영의 다양한 활동 중에서 유일하게 science와 art의 균형이 무너진 분야가 있었는데, 그게 바로 영업sales이다. 아무리 마케팅, 광고가 발달했어도, 실제 고객 접점에서 성과를 창출하기 위해서는 영업 활동이 중요한데, 아이러니컬하게도 영업은 그 중요성에 비해 대학과 현장에서 모두 소홀하게 다뤄지고 있다. 당장 세계적으로 유명한 MBA 과정 중에서 영업을 체계적으로 가르치는 경우는 거의 없다. 심지어 영업을 주제로 박사학위를 취득하는 인재도 부족하다. 대부분 영업 대신 마케팅을 전공한다.

기업도 사정은 마찬가지다. 마케팅 부서에서 적지 않은 비용을 들여 다양한 과학적 조사결과와 도구를 제안해도, 영업부서는 이를 활용하기보다는 마이웨이를 고집하는 경우가 많다. 동기부여와 미래학자로 유명한 다니엘 핑크Daniel Pink는 '대부분의 경우 세일즈란 지적인 활동이 그다지 필요치 않은, 똑똑한 사람이 할 일이 못 되는 고된 일이라 생각한다'고 꼬집었다. 더 나아가 영업은 사기와 기만이 가득하고, 부정직한 사람들이 약삭빠르게 행동하는 분야라는 부정적인 인식마저 사회에 퍼져있다.

이 책의 저자는 현장과 대학에서 오랜 기간 영업을 연구한 전문가로서,

영업에 관한 고정관념을 과감히 깨야 한다고 주장한다. 과학적이고 체계적인 영업이 충분히 가능하고, 성과 역시 더 크게 창출할 수 있다고 강조한다. 우리나라뿐만 아니라 선진국에서조차 만연한 영업의 문제점을 날카롭게 지적한 부분에 우선 놀랐고, 해결책으로 제시한 6가지 키워드가 지금까지 영업에 대한 잘못된 관점을 바꾸는데 충분해서 다음으로 더 놀랐다. 특히 저자는 본인의 현장 경험이나 연구뿐만 아니라, 국내외 석학들의 영업에 관한 연구결과까지 포함한 사례와 근거들을 제시하면서 영업에 대한 과학적 접근법을 역설하였다.

돌이켜보면 영업에 관한 도서들이 심심찮게 출간되지만, 대부분 자신의 세일즈 비법이나 정신 무장 등 art적인 측면을 강조한 경우가 대부분이었다. 하지만 이 책은 'CEO 영업교과서'라는 책 제목에서 알 수 있듯이 최초의 영업교과서라고 해도 손색이 없을 정도로 과학적이고 체계적이다. 특히 영업은 실무진에 맡기면 된다는 고정관념을 과감히 깨고, CEO부터 영업에 관한 올바른 관점을 정립해야 하고, 위로부터 변화를 통해 영업 조직을 바꿔야 한다는 함의를 강조하고 있다.

영업, 이제는 더 이상 미룰 수 없는 우리나라 기업들의 1순위 혁신과제가 되어야 할 것이다. 특히 코로나 펜데믹 이후를 대비하는 기업이 있다면, 영업혁신이야말로 성과 창출을 위한 지름길이 될 것이다.

이동현

가톨릭대학교 경영학과 교수

목차

영업은 전략이다
가치를 팔아라

가치영업 (Value Selling)-1 : 문화자본

가치영업 (Value Selling)-2 : 기업의 가치를 팔아라

가치영업 (Value Selling)-3 : 가치를 파는 영업사원의 3단계 접근법

가치영업 (Value Selling)-1

문화자본

> "사람들이 곤경에 빠지는 것은 무엇을 몰라서가 아니다.
> 확실히 안다는 착각 때문이다."

〈마크 트웨인〉

여러분이 다음 사례에 대해 판단해보라.

첫 번째 사례다. A기업의 경영자는 자신의 영업사원의 행동에 대해 다음과 같이 강조하고 있다.

"어째 우리 직원들은 오로지 가격으로만 물건을 팔려고 하는지 도무지 이해를 못하겠습니다. 사실 저희 제품은 다른 기업의 제품에 비해서 심혈을 기울여서 개발한 제품이고 원료도 좋은 것을 쓴 제품입니다. 다른 경쟁사 제품과는 비교할 수 없을 정도로 훌륭한 제품인데 말입니다…."

반면에 영업사원들은 경영자의 말과는 완전히 다르게 항변하고 있다.

"현장에 나가 보세요 품질이 먹히는 시장인지 한번이라도 보세요. 참나. 저희라고 품질을 강조해서 팔고 싶지 않겠습니까? 그러나 거래처는 가격이 아니면 움직이지 않아요. 이런 상황에서 품질만 들이밀면 실적을 하나도 올리기 힘들어요…"

<질문 1> 경영자와 실무자의 차이가 무엇일까? 이 들의 간극을 어떻게 좁힐 수 있을까?

두 번째 사례를 들어보자. 이번엔 정치의 상황이다. 많은 전문가들은 지금 한국의 정치상황을 양 극단의 정파 간의 충돌로 보고 있다. 정치에서는 지극히 자연스러운 현상으로 볼 수도 있다. 많은 국가에서 공통적으로 나타나고 있는 현상이기도 하다.

<질문 2> 양 극단의 정치집단 간의 간극을 어떻게 좁힐 수 있을까? 엄밀히 말하면 간극을 좁힐 필요는 없다. 간극이 곧 정치이고 존재의 정신적 틀이자 방식이기 때문이다. 그러나 한 국가라는 울타리를 놓고 볼 때에 어떤 조정의 방법이 있을까?

세 번째 사례를 들어보자.

한국에 있는 세계적인 기업들 예컨대, 스타벅스, 페덱스, BMW, 유니레버, 구글, 마이크로소프트Microsoft 등은 직원 대부분이 한국인이다. 많은 기업의 사장도 한국인이다. 법인세도 한국정부에 납부한다. 본국으로 외화송금도 한국의 규제의 틀에서 해야 한다. 이 기업은 한국기업으로 봐야 할까 아니면 국적이 외국이니 외국기업으로 봐야 할까? 반대로 미국 애틀란타에 가 있는 현대자동차는 미국기업으로 봐야 할까? 아니면 한국기업으로 봐야 할까? 어떤 사람은 국적을 기준으로 판단해야 한다고 하고 어떤 사람은 세금납부를 기준으로 봐야 한다고 주장한다. 또 설득력 있는 어떤 사람은 역시 기업은 핵심역량Core Competence이 어디 있는가를 기준으로 봐야 한다고 주장한다.

<질문 3> 이 사례는 미국의 신경제를 주도한 클린턴 행정부 시절 노동부장관인 로버트 라이시(Robert Reich)가 1990 년 HBR에 기고한 아티클인 "Who is Us"(누가 우리 것인가?)라는 논쟁에서 시작되었다. 여러분의 의견은 어떠한가?

네 번째 사례를 들어보자.

IT 솔루션을 판매하는 T라는 중견기업이 있었다. 제일 큰 영업본부의 수장인 제1 영업본부장인 K라는 사람은 입사 때부터 이 기업에서 일해왔다. 올해 52세인 그는 아주 충성스러운 사람이었다. 영업에 있어서도 사원 시절부터 성과를 잘 만들어 왔다. 사업본부장이 된 후에도 지난 3년 동안 영업본부를 잘 이끌어 왔다. 그러던 그가 작년에 가장 큰 고객 중의 하나를 경쟁사에게 빼앗기게 되었다. 그러던 차에 까마귀 날자 배 떨어진 격으로 이때 기업은 새로운 영업관리자 후보의 영입을 검토하고 있었다. J라는 사람이었는데 그는 30대 후반의 젊은 피였다. 기술자 출신이면서 기술영업에 능통한 사람이었다. 명문 MBA도 졸업하였고 빅데이터 재능도 보유한 사람이었다. 게다가 마케팅과 M&A까지 두루 경험한 유능한 인재였다. 그는 "변화를 추구하고자 한다면 최적의 인물"이라는 평가를 듣고 있는 사람이었다.

<질문 4> 당신은 T 기업의 사장이다. 누구를 제 1 영업본부장으로 쓸 것인가? 쓴다면 어떤 기준으로 쓸 것인가?

마지막 다섯 번째 사례이다.

한 산업의 하위에 처져있는 두 기업의 상반된 경영자가 있었다. A사의 D경영자는 "기업의 주인은 주주이다. 이 기업에 주주 말고 어떤 사람이 투자했는가? 그러니 나는 경영자로서 주주를 위한 가치를 만들어 낼 것이다. 주주를 위한 경영만이 진정한 경영이다."라고 생각하는 사람이었다. 실제로 D는 위기에 처한 A사를 구조조정 하면서 사업의 일부를 팔아서 부채를 청산하였다. 이 과정에서 수많은 종업원이 해고 되었지만 이는 주주를 위한 정당한 행동의 일환이라고 생각했기 때문에 과감하게 행동할 수 있었다. 결국, D는 이 기업을 경쟁사에 모두 팔았다. 이 과정에서 그는 주주에게 어마어마한 돈을 벌어주었다. 그리고 D는 다른 산업의 경영자로 재취업하였다. 재취업하던 날 그가 취업한 기업의 주가는 배가 올랐다.

반면, B사의 경영자 O는 위기에 처한 기업에서 기업을 어떻게 하든 회생시키려 갖은 고초를 겪었다. 위기에 처한 기업을 살리고자 직원들에 앞서서 솔선수범을 한 경영자였다. 그는 단 한 사람의 직원도 해고시키지 않았다. 하지만, 그가 경영한 지난 3년간 기업은 여전히 산업의 꼴찌 기업으로 남아 있었다. 노력을 하고 있지만 언제 기업이 정상화 될지는 모를 일이었다.

<질문 5> D와 O 중 누가 훌륭한 경영자인가? 왜 그렇게 생각하는가?

다섯 가지의 사례는 하나하나가 쉽지 않은 판단을 요구한다. 많은 고민

이 필요한 상황의 사례이다.

기생충, 미나리, 넷플릭스, BTS의 공통점은 무엇일까? 그렇다 히트 상품이다. 그렇다면 왜 히트 상품이 되었을까? 정답은 "문화의 흐름"때문 이다. 한 사회의 문화는 흐름을 갖고 있다. 아직도 아리송한가? 풀어서 말하면 "새로운 문화를 통한 고객 경험의 혁신"때문이다. 최근에 유행하는 AI와 "디지털 트랜스포메이션DT라고도 함"의 비즈니스 세계에서의 핵심은 기술 그 자체에 있지 않다. 디지털의 진화를 비즈니스에 적용할 때 성공과 실패를 가르는 잣대는 "고객경험의 혁신"에 있다. 그런 면에서 디지털 또한 새로운 문화를 만들어 내는 수단이 된다. 이 답은 좀 더 와 닿았는가? 아직도 부족하다면 다른 예를 더 들어보자.

A라는 기업은 경영자를 외부에서 뽑을 때에 면접 시에 다음과 같이 질문한다. "당신에게 3년의 시간을 줄 것이다. 어떤 성과를 만들 것인가?" 같은 상황 하에서 B기업의 질문은 "당신에게 3년의 시간을 줄 것이다. 어떤 기업을 만들 것인가?"였다. A기업이 원하는 답은 3년 후의 매출액과 이익액, 원하는 주가 수준 등이었다. 반면, B기업은 비전, 변화된 모습, 바람직한 문화 등이었다. 만일, A기업의 면접에서 B기업에서 원하는 대답을 했다면 탈락했을 것이다. 마찬가지로 B기업에서 A기업이 원하는 답을 했다면 탈락을 면치 못했을 것이다. A와 B 두 기업의 핵심적인 차이는 문화Culture인 것이다.

문화의 흐름을 프랑스 사회학자인 피에르 부르디외Pierre Bourdieu는 문화를 자본 중의 하나로 표현하였다. 이를 일컬어 문화자본Culture Capital이라고 하였다.

그는 문화자본을 아비투스habitus라고 하였다. 아비투스는 특정한 환경에 의해서 형성된 성향, 사고, 인지, 판단과 행동체계라는 의미이다.

문화자본에 대한 학구적인 의미는 여기까지만 설명하고 다시 질문 다섯 가지로 되돌아가 보자.

첫째, 영업사원은 자신의 제품을 팔기 전에 자신 기업의 제품의 가치가 무엇인지를 인식해야 한다. 경영자가 품질을 그렇게나 주장하는 바를 이해해야 한다. 경영자도 시장의 변화를 귀담아들어야 한다. 그러면서 동시에 품질의 당위성 만을 강요하지 말아야 한다. 제품이 담고 있는 철학과 개발과정과 노력을 고객의 언어로 풀어서 영업사원에게 설명해 주어야 한다. 경영자의 인식과 영업사원의 인식의 간극을 좁히는 방법은 문화자본이다. 경영자와 영업사원은 제품이 담고 있는 철학과 사상이 무엇인지를 공통으로 이해해야 한다. 이를 행동으로 녹여야 하고 고객에게 그렇게 보여야 한다. 예컨대, 건강식품을 판매하는 기업의 경영자나 영업사원은 자신이 건강해야 한다. 자신이 건강하지 않으면서 고객에게 제품을 판매할 수 없다. 솔루션을 개발해서 고객에게 팔고 싶은 기업이 있다면 본인이 먼저 심취해서 사용해야 한다. 실천을 통해서 기업의 문화자본으로 만들어야 한다.

둘째, 정치세계에서의 정파 간의 주장은 다를 수 있고 또 달라야 한다. 충돌도 있을 수 있다. 하지만 양 정파가 공통으로 꼭 지켜야 할 것이 분명코 있다. 국가가 발전하는 것이고 국민이 편안한 것이며 세계로부터 인정받는 것이다. 이를 국가가 추구하는 문화를 중심으로 만들어야 한다. 경영인도 마찬가지이다. 기업을 자식에게 상속하게 되었을 때 2대에 걸쳐 상속하면 기업이 상속세에 대한 부담으로 없어지는 것과 같다는 말이 있다. 그렇다면, 승계를 통한 상속을 하게 되었을 때 창업자는 무엇을 물려 줄 것인가? 상속세를 부담하면서까지 하는 승계일까? 창업자의 정신과 행동, 기업에 베어있는 창업정신을 물려주어야 한다. 무조건적인 상속의 시대는 지났다. 고객의 신뢰를 만들어내는 창업정신과 기업문화를 물려 주어야 한다. 이것이 문화자본이다. 다시 정치로 돌아가서 정치가들이 싸울 때 싸울지언정 보다 장기적인 시각을 가져야 한다. 후세에게 어떤 국가의 문화자본을 물려 줄 것인가의 문제의식을 가지고 사명을 가진다면 보다 다른 방향의 싸움이 될 것이다. 문화자본은 인정해야 하고 그 바탕 위에서 정치적 견해를 만들어 내야 한다.

셋째, 정치나 기업이나 후계자를 선발하는 후계선발Succession 플랜을 할 때에도 마찬가지다. 사람을 평가하는 잣대는 제 각각일 듯하다. 하지만 공통의 시각은 누가 가장 문화적 자본에 적합한 사람이고 건전한 문화적 자본을 만들어 낼 수 있는가가 기준이 되어야 한다.

넷째, 자신의 기업이 어떤 국가의 기업이냐를 판단하는 잣대 또한 다르지 않다. 처음에는 국적을 기준으로 판단했었다. 그 이후에는 세금을 어디로 내는가, 사장이 어느 국적인가 등등의 논란이 많았었다. 한때에 이를 평정한 논리는 "핵심역량Core Competence"이었다. 핵심역량이 어디에 있는가에 따라서 그 기업의 소속을 판단하는 것이었다. 물론, 비즈니스 의미에서의 판단이다. 시대가 바뀌었다. 역량 중심에서 문화중심으로 바뀌고 있다.

기업문화를 만들어 가는 주체가 어디에 있는가?에 따라서 많은 것이 바뀌고 있는 것이다. 문화자본을 가진 경영자의 출현도 이러한 트랜드에 단단히 한 몫하고 있다. 예전의 바람직한 경영자 모습은 주주를 위한 가치창조에 집중하는 것이었다. 지금은 환경을 생각하고Environment, 사회를 고려하며Social, 기업의 지배구조를 건전한 시스템으로 구축하는 것Governance이다. 이러한 트랜드가 단순히 기업의 역할 만을 강조해서 그런 것이라고 보는가? 그렇지 않다. 문화의 변화인 것이다. 경영자는 자신의 기업을 위한 건전한 문화자본을 만들어 가야 한다. 문화자본은 환경과 사회, 지배구조가 고려된 것이어야 한다.

다섯째, 문화자본은 누가 훌륭한 경영자이냐를 판단하는 기준에도 확실히 영향을 미치게 되었다. 경영자가 이익을 만들어서 주주에게 기여해야 한다는 과거의 논리는 무너졌다. 왜냐하면 돈은 그 자체로 신뢰를 만들지 못하기 때문이다. 경영자는 신뢰의 본성이나 신뢰를 만들어 가는 것에 대해서 명확한 관점을 가지고 있어야 한다. 많은 경영자가 신뢰를 정의할 때에 '당신이 할 것이라고 한 것을 이행하는 것'이라고 생각하는 경우가 많다. 하지만 많은 경영자는 그들 스스로의 경영적 관점과 활동이 보다 높은 신뢰를 요구한다는 사실에 대해서는 크게 생각하지 않는다. 경영자는 수많은 이해관계자에게 깊은 관계적인 신뢰를 만들어야 한다. 이해관계자에게 신뢰를 줄 수 없다면 신뢰 그 자체는 오용되고 남용되는 단어일 뿐이다. 신뢰는 누가 부여하는가?

주변과 사회에서 평가하고 부여하는 것이기 때문이다. 경영자가 쌓아가는 신뢰는 그 자체가 문화의 자본이 되는 것이다.

"경영의 실제적인 추진 동력은 기술과 자본이다. 하지만, '문화의 자본'은 계량적으로 환산할 수 있는 것이 아니라 개인과 집단의 상징적, 정신적 능력과 그것의 축적 상태"라는 피에르 부르디외의 말은 "사람들이 곤경에 빠지는 것은 무엇을 몰라서가 아니다. 확실히 안다는 착각 때문이다"라는 마크 트웨인의 말과 연결되어 있다. 확실히 안다는 것은 시간을 필요로 하는 일이다. 장기적인 시각이 필요하다는 의미다. 게다가 보다 필요한 것은 '관점Perspective'이다. 경영자의 경영 관점을 어디로 둘 것인가?를 새롭게 봐야 한다는 것이다.

가치영업 (Value Selling)-2

기업의 가치를 팔아라

많은 영업교육에서 최고의 영업사원이 되라고 하면서 자주 강조하는 말이 있다. '신뢰 있는 사업 조언자Trusted Business Advisor'가 되라는 것이다.

이 말을 분해해보자. 먼저, 신뢰가 있다는 것은 무엇일까? 신뢰는 어디서 얻어지는 것일까? 거래처와 술 먹고 형님 동생 관계가 된다면 얻어지는 걸까? 약속을 잘 지키면 얻어질까?

신뢰는 말과 행동을 동일하게 하는 언행일치, 작은 약속이라도 지키는 모습, 처음과 끝이 같은 일관성, 정해진 룰을 준수하는 행동 등을 잘하면 생긴다고 알려져 있다. 그렇다면, 현장에서 영업사원이 신뢰를 얻기 위해서는 무엇부터 행동해야 할까?

이에 대한 답을 찾기에 앞서 잠깐 '성과'라는 것에 대해 생각해보자.

성과는 경영의 성패를 판단하는 가장 중요한 척도다. 많은 경영자들의 스트레스는 성과를 내야 하는 부담으로부터 온다. 기업과 자신의 직업 운명이 성과에 달려 있기 때문이다. 그런데 성과가 있다 또는 없다를 논할 때 어떤 경우에 성과가 있다고 보고, 어떤 경우에 성과가 없다고 볼 것인가? 평범한 물음이고 평소에는 바쁘게 지나가버린 주제 중 하나이겠지만 차분히 따져보면 의미 있게 생각해 볼만한 문제이다.

다양한 시각이 있다. 어떤 경우에 성과가 났다고 인정하는가? 성과를 둘러싸고 많은 시각차가 존재한다. 같은 결과물을 놓고도 어떤 경우에는 "성과가 확실히 났다"고 보는 반면에 어떤 경우에는 "그걸 과연 성과라고 할 수 있는가?"라고 보는 시각도 있다. 이처럼 성과를 둘러싼 여러 논란이 있을 수 있고, 이에 대해 명쾌한 답을 주는 경우도 많지 않다. 하지만 성과에 대해 판단을 해볼 수 있는 관점은 분명 있다.

성과가 있고 없고를 판단하는 관점은 성과에 '시간 또는 기간'의 개념을 넣어서 보면 보다 명확해 진다. 예를 들어보자, 한때 흰색국물의 라면한국에서는 매운 붉은색 국물의 라면이 일반적이었다이 선풍적 인기를 끈 적이 있었다. 당시의 대표 제품은 '꼬꼬면'이었다. 처음 출시되어서 선풍적인 인기를 끌었을 때는 라면 분야에서 부동의 선두주자였던 '신라면'의 1등 지위를 사정없이 위협할 정도로 히트한 제품이었다. 지금은 어떠한가? 예전과 같은 시장 지위는 흔적 없이 사라졌다. 제품이 있었는지도 모르는 소비자도 많을 것이다. 그렇다면 꼬꼬면이라는 제품은 성과가 있는 제품이었을까? 없는 제품이었을까? 참으로 알쏭달쏭한 문제다. 어떤 사람은 성과가 있었다고 할 것이고 어떤 사람은 그게 무슨 성과냐며 이의를 제기할 것이다. 꼬꼬면이라는 제품이 한창 성과를 올리고 있을 때에는 '말 그대로 센세이셔널Sensational한 성과를 올린 제품'으로 불렸을 것이다. 그러나 오래가지는 못했던 제품이었다. 그렇다면 제품이 성과가 있다는 것은 어떤 방법으로 평가

해야 할까? 이론의 여지가 없는 성공적인 제품은 어떠해야 하는 것일까? 오랫동안 고객의 사랑을 받는 제품이라면 어떨까?

지속적인 성과를 내는 제품들에는 공통적인 특징이 있다. '가치value'를 담고 있다는 것이다. '가치'가 있는 제품은 오랫동안 고객의 사랑을 받는다. 예컨대, 풀무원이라는 기업의 브랜드는 이웃사랑, 생명존중이라는 슬로건을 갖고 있다. 슬로건의 실천은 제품으로 나타나는데 제품의 생산과 관리에는 제조원칙과 품질기준으로, 매출액의 일정 비율을 기부하는 행동기준으로 가치를 담고 있다. 오래가는 제품에는 어떤 것이 있는가? 초코파이 정情, 모나미 볼펜 같은 것들을 떠올릴 것이다. 설명이 필요 없을 정도로 가치를 담고 있는 제품이다. 해외에는 200년 이상 되는 장수기업이 2,000개가 넘는다고 한다. 대부분이 일본과 독일의 기업이다. 일본의 목조 건축회사 곤고구미金剛組의 설립연도는 578년이다. 이 기업의 설립자가 백제의 목공 기술자인 유중광곤고 시게미츠·金剛重光으로 알려져 있다. 기술자 유중광은 593년 일본 최고最古의 사찰 시텐노지四天王寺를 건립했는데 이 사찰은 1995년 10만 채의 건물이 완전히 파괴된 고베 지진에도 끄떡 없었다고 한다. 곤고구미의 건축물의 가치는 무엇이었을까? 답은 장인정신이다.

1846년 설립된 칼 자이스Carl Zeiss는 고객과 밀접하게 소통하고 이를 신제품 개발에 적극 반영한다는 것이 핵심가치이다.

오래가는 기업과 제품을 보라. 하나같이 '고객이 인정하는 그리고 누구나 쉽게 찾을 수 있는 가치Value'를 담고 있다. 그리고 이를 유통 채널과 고객을 대상으로 잘 설명한다. 깊이 생각해봐야 한다. '나는 경영활동과 제품

에 어떤 가치를 담고 있는가? 고객에게 그 가치를 잘 전달하고 있는가?'

오랜 역사와 명성을 자랑하는 기업들은 기업의 고유한 가치를 계승하는 데도 소홀함이 없다. 자신의 성공적인 경영을 계속해서 이어가기를 바라기 때문이다. 스티브 잡스 같은 창업 경영자들이 죽기 전에 가졌던 고민이 무엇이었을까? 그것은 자신과 꼭 닮은 '아바타' 같은 후계자였을 것이다. 자신과 닮아 있고 꼭 같은 사고와 행동을 하는 경영자가 있었다면 맘 편히 사업을 넘겨주었을 것이고 편히 눈을 감았을 것이다. 그러나 아바타는 현실 세계에서 존재하지 않기 때문에 자신이 행해왔던 것을 그대로 후배 경영자들이 해주기를 바라는 마음으로 무엇인가를 만들어놓게 된다. 이른바 '~Way'라고 불리는 것들이다. 성공을 지속하는 기업들은 자신의 가치를 일종의 '원칙과 행동요령'으로 명확히 정리하여 직원들이 철저하게 준수하도록 한다. 영업사원으로 하여금 세일즈 토크로 전파하게 만든다.

'영업사원이 고객에게 신뢰를 준다는 것은 무엇일까?'를 생각해보자. 그것은 '자신이 제공하는 제품과 서비스에 대해 설명하고자 할 때에 "기업의 가치를 체계적으로 정리해서 전달하는 것"으로 부터 출발'한다. 대리점이나 가맹점, 특약점 등의 간접 채널 구조를 갖고 있는 기업의 경우에는 특히 기업의 가치를 간접 채널의 파트너와 공유하는 것이 무엇보다 중요하다. 왜냐하면, 간접 채널의 현장이 갖고 있는 특징이 다음과 같기 때문이다.

첫째는 본사가 간접 채널에 판매를 하는 식의 위탁관리 시스템이라서 본사가 최종 고객의 상황을 정확히 알 수 없기 때문이다. 본사와 고객 사이에 간접 채널이 있기 때문이다. 이 경우 본사는 고객현장으로부터 한 발 떨어져 있는 경우가 생긴다. 본사가 고객현장을 모르면 가치를 채널과 공유하기 어렵고, 공유되지 않은 가치는 최종 고객에게 전달되지 않는다. 채널과의 가치 공유 없이 많은 기업들에서 본사에 채널 전담 컨설팅팀 같은 것을 두어 경영지도를 한다고는 하나 실효를 거두는 경우가 많지 않다. 둘째는 간접 채널 소속의 영업사원을 관리하기가 어렵다는 것이다. 그들은 실질적인 고객접점에 있는 사람들이다. 본사의 가치를 고객에게 잘 설명하고 제공해야 할 실질적 주체이다. 본사에서 간접 채널 소속의 영업사원들을 관리하기란 결코 쉬운 일이 아니다. 지속성에도 한계를 안고 있다. 서울과학종합대학원aSSIST의 영업혁신연구센터가 조사한 자료에 의하면 열악한 영업환경으로 대리점 소속 영업사원들의 탈락률이 2014년 32%7개 산업 평균이었다. 사원들의 이직은 영업의 지속성을 떨어뜨리게 되고, 여러 불필요한 비용의 증가를 가져온다. 영업사원을 뽑고 훈련하고 유지하는 데 드는 비용을 반복해서 사용하게 되고, 간접비용 측면에서도 탈락한 영업사원이 가져오는 거래처의 상실, 판매증가 기회를 포착하지 못함으로써 발생하는 비용 등이 발생한다.

영업사원의 이직 못지않게 심각한 문제는 영업사원에 대한 교육수준이 몇 년이 지나도 그대로인 경우가 많다는 점이다. 대부분의 영업사원은 선배로부터, 자신의 경험으로부터, 점주로부터 받은 교육이 전부인 경우가 많다. 이 때문에 고객을 상대하는 간접 채널의 영업사원에게 영업의 선진화라는 화두는 사치에 가까운 얘기가 되어버렸다. 일부 기업에서는 대리점 소속의 영업사원을 교육하는 순회강사를 운영하기도 하지만, 현장에 대한 이해는 물론이고 체계적이고 현실적인 내용을 기반으로 강의하는 경우보다는 정신교육 수준의 강의나 임시처방적인 강의가 대부분이다. 당장의 성과를 올리려는 교육을 우선시하다 보니 본사가 지향하는 가치에 대해서는 중요도가 한참 밀리게 된다. 결국 고객의 접점에 있는 영업사원들이 본사의 가치를 공유하여 신뢰를 가지기란 불가능에 가깝다. 결국 머리로는 무엇인가를 해야 한다고 생각하게 만들 수 있을지 모르지만, 손과 발로 행해지는 실행과 정착에서는 무엇을 어떻게 해야 할지 모르게 되는 결과를 낳게 된다.

가치영업 (Value Selling)-3

가치를 파는 영업사원의 3 단계 접근법

'영업은 더 이상 의사 전달이나 제품 소개에 의미를 두어서는 안 된다. 가치를 전달하고 가치를 만들도록 도와주어야 한다.'

영업사원들 가운데 하수가 하는 일은 "단순히 영업정책의 전달자가 되거나 제품에 대해 소개하고 전달하는 것"이다. 이러한 일에 익숙해져 있는 사원들에게 기업과 제품의 가치를 제공하고 공유할 수 있게 만드는 최선의 방법은 무엇일까?

첫 번째 단계는 '디테일을 전달하게 만드는 것'이다. 가치를 전달하여 신뢰를 쌓고자 한다면 제품의 어떤 점이 훌륭하고 어떤 점이 경쟁자보다 나은지를 설명하는데 그치는 것이 아니라 "최적의 사용 방법과 효과의 디테일을 설명하는 것"이다. ≪SPIN Selling≫의 저자인 랙햄Neil Rackham의 표현을 빌리자면 '단순하게 우리의 쥐약이 좋다고 할 것이 아니라 쥐를 잡고 싶다면 쥐 덫을 설치할 최적의 시간은 8시입니다'라고 알려줘야 한다고 했다. 훨씬 설득력을 높이려면 제품에 대한 전문성에 디테일을 제공하는 것이다. 제품은 물론 영업사원의 가치를 더하는 방법이다.

영업에서 가치를 올리는 두 번째 단계는 제품이나 서비스를 통해 사업적 가치를 제공하는 것이다. 이 단계는 기업 경영에서 점점 더 중요해지는 '영업과 전략의 일치Align Strategy and Sale'를 위해서도 매우 필요한 과정이다.

현실 영업의 세계에서 채널의 본질적인 문제는 본사에서 떨어져 있어 눈에 드러나지 않는 부분이 많다는 점이다. 그런데도 본사의 전략수립 과정에서 이러한 문제를 간과하는 경우가 많다. 하버드 비즈니스스쿨에서 오랜 기간 영업을 연구해온 학자인 프랭크 세스패데스F. Cespedes 교수는 '전략 담당 성직자'와 '영업전문 죄인'이라는 표현으로 이러한 현상을 빗대었다. 이 의미는 기업이 세운 전략 중에 성공적으로 이행되는 비중이 불과 전체의 10% 미만이라는 것이다. 성공률이 낮은 이유는 전략을 수립하는데 있어서 고객을 직접 상대해 본 지 오래된 전략가들이 전략을 수립하기 때문이라는 것이다. 우아하게 책상머리에 앉아서 현장과 동떨어진 전략을 수립하고 있다는 의미로 숭고한 성직자라는 말로 비꼰 것이며, 치열한 영업현장에서 목표 숫자와 힘겹게 싸우는 영업 직원을 상징하는 의미로 영업 전문 죄인이라는 표현을 한 것이다. 현장으로부터 멀어진 전략 수립이 문제인 것 외에도 전략이 실패하는 것은 또 다른 이유가 있다. 전략 수립의 기간에다가 다시 사업 단위 별로 한 차례씩 회의를 하는 시간을 합치면 전략계획에 4~5개월이라는 긴 시간이 걸린다. 이런 과정이 진행되는 동안 시장은 기다려주지 않고 계속해서 변하며 자체적으로 돌아간다. 이 때문에 현장에 있는 영업 담당 임원은 그 전략을 무시하게 된다. 설사 아주 훌륭한 전략이 도출되었다고 해도 그럴 가능성은 거의 없지만 말이다. 왜냐하면 영업은 이슈 별로, 고객 그룹account 별로 달리 대응해야 하고, 시장의 구매 패턴과 판매주기에 따라 연중 내내 중요한 결정을 내려야 하기 때문이다. 이처럼 전략과 동떨어진 영업 현장의 모습은 어렵지 않게 발견할 수 있다.

간접 채널에서도 또 다른 사례를 어렵지 않게 접할 수 있다. 기업의 전략가들은 간접 채널과 본사 간의 괴리와 갈등 현상에 주목하여 다양한 아이디어를 구사하기 시작했다. 간접 채널을 통해 기업의 목표를 달성하기 위한 다른 방법들을 시도한 것이다.

첫째는 대리점 채널의 숫자를 늘려가는 방법이다. 신규 대리점 또는 가맹점을 모집하거나 기존 대리점을 나누어이를 분할, 분구라고 한다 커버리지를 높이는 것이다. 그러나 이 방법은 시간이 지나면서 곧바로 한계에 직면했다. 채널을 무한정 늘려갈 수 없으므로 계속 늘려가다 보면 어느 순간에 가면 더 이상 늘릴 수가 없게 된다. 또한 채널이 포화되어 경쟁자와 경쟁하는 것이 아니라 자기 채널들끼리 경쟁하는 현상이 발생하기도 했다. 사무기기를 판매하는 국내 굴지의 기업 중 하나인 K사는 지난 30여 년 동안 전속 대리점체제를 운영해왔다. 전국을 커버하는 촘촘한 본사의 대리점망과 본사의 시책에 적극 부응해온 대리점의 조화가 K사를 업계 최고로 만들었다. 본사 소속으로 대리점을 관리하는 영업사원은 말 그대로 영업 사관학교 생도라는 명칭을 들을 정도로 우수한 성과를 냈었다. 그러나 대형 경쟁사와 외국 경쟁사가 시장에 진입하고 많은 대체품이 등장하면서 K사의 영업은 어려움을 겪게 되었다. K사의 대리점들은 영업지역이 구분되어 있기는 했으나 사업이 정체되면서 대리점이 하나 둘씩 서로의 영업지역을 넘나들기 시작했다. 가격 또한 경쟁이 치열해지면서 대리점 자체의 판매량을 늘리고

자 하는 목적으로 본사가 정한 가격을 무시하고 제멋대로 할인하는 일이 발생하게 되었다. 결국, 시장에서 제품가격이 무너지게 되었고, 많은 대리점들이 프로모션의 명목으로 거의 마진을 손해보고 제품을 유통하게 되었다. K사는 경쟁사의 채널과 경쟁보다는 자사 소속의 대리점들 간 중재활동에 더 많은 시간을 쏟게 되었다.

둘째는 히트제품을 만들어 대리점을 활성화하는 방법이다. 그러나 이는 기업의 입장에서 대량의 마케팅 비용을 수반하고 성공 확률도 극히 낮기 때문에 항상 고민하게 되는 이슈다. 어쩌다 성공적인 마케팅 제품이 나오더라도 규모가 작은 간접 채널의 한계로 기존 제품의 (+) 역할을 하는 것이 아니라 기존 제품을 대체하는 경우를 많이 볼 수 있다.

J사는 알로에를 활용한 제품을 만들어 방문판매로 매출을 올리는 기업이다. 210개의 전속 대리점을 운영하며 3,000여 명의 방문 판매원을 가동하는 영업체계를 갖추고 있었다. 마케팅 본부에서는 판매원 1인당 고객에게 판매할 수 있는 제품의 숫자를 15~20개 정도로 보았다. 그런데 J사의 제품 수는 무려 110가지에 이르렀다. 기존 제품으로 판매의 한계를 느낄 때마다 새로운 제품을 출시하여 대리점과 판매원들에게 장려금을 걸어가면서 판매독려를 해왔었기 때문이다. 상식적으로 볼 때 '그러면 안 팔리는 제품을 없애면 될 것이 아닌가?'라는 의문이 생길 수 있을 것이다. 그러나 안 팔리는 제품일지라도 제품을 없애려 할라치면 판매원들 중에 취급하던 사람이 반발하기 때문에 없애는 것이 쉽지 않았다. 본사는 대리점이나 판매원들의 불만과 비난이 조직력을 해친다고 판단하여 판매가 부진한 제품을

없애지 못하고 그대로 유지하게 되었고, 그러다 보니 자연히 제품의 숫자가 많아진 것이다. 제품을 골고루 판매하는 실적이 좋은 직원들의 의욕을 꺾을 수도 있다는 것 또한 고민스러운 일이었다. 결국, 신제품이 출시를 하게 되더라도 신제품의 실적이 기존 제품의 매출을 대체하는 결과를 낳게 되었고, 대리점의 성장을 돕기 위한 목적으로 출시된 신제품 전략은 제품의 숫자만 늘리는 결과만을 가져왔다. 히트하는 제품을 만든다는 것은 쉽지 않은 일이다. 히트하는 제품을 출시하게 된다면, 제품의 구조조정이 보다 쉽게 될 수 있었으나 이는 더욱 어려운 문제였다.

셋째는 대리점의 구조를 바꾸는 방법이다. 그 첫 번째 대안은 채널 대형화이다. 예컨대, 투자를 통하여 대리점 자체를 키우거나 몇 개의 대리점을 통폐합하여 대형 사업자로 만드는 것이다. 이론적으로는 작은 규모의 대리점으로 경쟁하는 것보다 규모도 있고 투자도 할 수 있는 대리점을 만들어야 치열한 경쟁에도 효율적으로 대응하고 시장 개척도 활성화할 수 있다는 것이 대형화의 가정이다. 그러나 이론과는 달리 실제로 대형화된 대리점은 본사에 대해 강력한 교섭력을 갖기에 본사의 의지대로 컨트롤을 하고자 하는 기업에게는 이 또한 바람직하지 않다. 여기에 공정거래법이 강력히 적용되는 추세에서 분쟁이 발생했을 때 규제기관이 상대적 약자인 대리점의 편에 서는 경우가 많다. 거래에서도 높은 수준의 투명성과 공정성을 요구하는 추세도 만만치가 않다. 이래저래 제조사의 입장에서는 고민이 아닐 수 없게 되었다.

많은 전략가들은 간접 채널의 전략적 변화를 통해 영업의 활성화를 기대했었다. 그러나, 본사입장에서의 입장만을 포함하는 채널 개편 전략은 오히려 그간 쌓아왔던 채널과의 신뢰를 깨지게 만드는 경우도 발생하였다. 이는 모두가 전략과 영업 현장을 일치시키는 활동이 부족한 데서 발생하는 일들이었다.

가장 최적의 답은 무엇일까? 고민되는 물음이다. 그러나, 구조를 살펴보고 상황을 감안한다면 한 가지 공통적인 해결 대안이 나올 수도 있다. 해결 대안은 간접 채널의 규모나 숫자, 제품의 문제, 월 영업정책의 문제가 아니다.

예컨대, 간접 채널이 본사 → 본사 영업 직원 → 대리점 → 대리점 영업 직원 → 고객의 채널 구조를 갖고 있다고 생각해 보자.

첫째, 본사나 대리점 공동의 목표는 무엇일까? 그렇다, 많은 사람이 답을 어렵지 않게 생각했을 것이다. "고객이 하나 사다가 두 개 사거나, 안 사던 고객이 사게 만드는 것"이다. 결국 본사나 대리점이나 공동의 목적 함수는 고객이다. 고객을 중심에 놓고 보면 많은 정책대안이 나올 수 있다. 고객이 늘어나거나 많이 구입해야 대리점이 잘되고 대리점이 잘 되어야 본사가 잘 되는 것이다. 이 말에 동의한다면, 매월 영업정책은 어떠해야 할까? 답을 따로 말하지 않아도 생각의 정리가 되었으리라 본다.

둘째, 영업교육은 어떻게 진행해야 할까? 답은 접점이 어디인가를 생각해 보면 명확히 나타난다. 대리점을 만나는 사람은 본사 영업사원이다. 고객을 만나는 사람은 대리점 영업 직원이다. 이들에 대해 바람직한 활동이 무엇일까를 생각해 본다면 영업교육의 방향도 자연스럽게 유추될 것이다.

예컨대, 대리점을 담당하는 본사의 영업사원은 무엇을 해야 할까? 대리점의 경영상황을 알아야 하고, 대리점주의 경영관리를 알아야 한다. 대리점 소속 영업사원의 활동을 알아야 한다. 거기에 더해서 우리가 판매하는 제품을 알아야 한다. 이상이 완벽하다면 올바른 대리점 경영에 대해 가이드를 줄 수 있는 자격이 생겼다고 봐도 될 듯 하다.

셋째, 대리점이나 대리점 영업사원의 계획이라는 것은 어떤 것일까? 고객을 확보하는 계획이 되어야 한다. 본사의 영업정책은 고객을 확보하는 것에 집중되어야 한다. 이 말에 동의한다면 어떤 대리점을 우선해서 지원할 것인가?를 생각해 보아야 한다.

의욕과 능력을 두 개의 축으로 본다면 당연히 대리점을 성장시키려는 의욕과 대리점 경영능력을 다 같이 갖춘 대리점을 베스트Best대리점이라 하자. 능력은 있으나 의욕이 떨어진 대리점을 포커스Focus대리점이라 하자. 포커스의 의미는 의욕을 불러 일으키는데 집중을 해야 한다는 의미로 이해하자. 의욕과 능력 둘 다 떨어진 대리점은 초이스Choice라 하자. 의욕과 능력이 다 떨어졌다고 해서 다 버리고 갈 것이 아니므로 그 중에서도 선택적으로 의욕을 가지게 하게끔 유도한다는 의미로 초이스라고 한 것이다. 마지막으로 의욕은 넘치나 능력이 떨어지는 대리점을 챌린지Challenge라고 해 보자. 더 좋은 대리점으로 만들고자 도전하기 때문에 이름을 부여해 본 것이다. 이 네 가지 대리점 유형 중에 여러분은 어디를 중점적으로 지원하고 교육을 해야 한다고 보는가? 답은 챌린지Challenge유형의 대리점이다. 의욕을 실행시킬 수 있도록 돕는 것이 가장 효과적이기 때문이다.

영업에서 가치를 제공하는 세 번째 단계는 '그렇다면 영업을 통해 제공할 수 있는 가치란 무엇인가?'를 새롭게 고민하는 것이다. 바로 '영업전략의 재수립'이라고 말할 수 있다. 대리점을 포함한 기업의 고객들은 기업과 제품에 더 높은 수준의 그 무엇을 기대한다. 이때 고객이 미처 인지하지 못한 것을 미리 예측하거나 제시하는 것은 높은 수준의 가치 제공이 될 수 있다. 예를 들어 대리점의 매출이 저하되었을 경우 보통의 영업사원들은 판매를 독려하거나 고객 개척의 활성화를 주문할 것이다. 반면에 시장의 흐름을 파악하여 "사장님, 곧 대리점 매출에 어려움을 겪게 될 것입니다"라고 말해주면서 돌파구를 준비할 수 있는 여건을 함께 고민하여 조성해준다면 필요한 가치를 제때 제공하는 올바른 영업사원이라 할 것이다. 문제 해결은 미래지향적 관점에서의 고객이 앞을 내다보는 것을 도와주고 아이디어와 해법을 제시함으로써 가치의 최대 가능성을 확인시켜주는 것이다. 여기에 영업의 미래가 있다.

톰 피터스는 자신의 저서인 ≪초우량 기업의 조건≫에서 초우량 기업은 가치에 근거하여 실천한다고 하면서 다음과 같이 말했다.

"그들은 다른 기업들과는 달리 단기간의 '이익'을 보고 영업하지 않는다. 그들은 자신들만의 신념과 목표가 있다. 품질 제일주의라든가 고객만족 같은 것들이 그것이다. 이 가치를 위해서 모든 것을 희생할 각오가 되어 있는 것이 그들의 강점이다."

영업 경쟁력의 핵심은 신뢰를 높이는 판매를 하는 것이다. 그리고 신뢰를 높이는 출발점은 자신이 판매하는 제품과 기업 이미지를 통해 '가치'를 지속적이고도 체계적으로 전달하는 것이다. 예컨대 애플은 다르게 생각하라Think Different라고 제품에 표기가 되어있다. 그렇다면 애플의 영업사원들은 고객에게 영업 멘트를 할 때에 어떻게 설명할 것인가를 정해야 한다. 풀무원 같은 기업의 영업사원은 풀무원이 지향하는 가치를 행동에 체화시킨 행동도 한다. 건강을 파는 기업의 영업사원은 건강해야 한다. 그래야 고객에게 하는 말이 힘을 가질 수 있다.

영업의 성과를 무엇으로 볼 것인가의 해답은 '기업이 가진, 제품이 가진 가치를 효과적으로 판매하는 것'이다. 가치를 판매하는 일에 온 기업이 나서 총체적으로 지원해야 한다. 영업사원 또한 파는 제품과 더불어 기업의 가치를 파트너와 공유하고 고객들에게 잘 설명할 수 있어야 한다. 이는 신뢰 판매Trust Selling의 기본이다.

영업은 신뢰다

새로운 영업 경쟁력의 원천

신뢰영업(Trust Selling)-1 : 사회적 자본

신뢰영업(Trust Selling)-2 : 사회적 부채

신뢰영업(Trust Selling)-1

사회적 자본

말쑥하게 차려 입은 신뢰가 있어 보이는 남자가 시내에서 낯선 사람에게 돈을 빌려 달라고 한다. 그 신사는 2만 원 정도 되는 액수의 돈을 빌려달라고 요구하면서 주소를 주면 필히 갚겠다고 한다. 뉴욕, 서울, 북경, 헬싱키, 동경, 파리 6개 도시 한복판에서도 똑같은 행동이 벌어졌다. 각 도시 별로 10명을 대상으로 빌려달라고 하였다. 몇 명이나 빌려 주었을까? 어느 도시가 가장 많이 빌려주었을까? 여러분은 어떻게 예상하는가?

뉴욕에서는 상인들이 고가의 다이아몬드 거래를 할 때에는 계약서가 없다고 한다. 왜 그렇게 했을까?

위의 두 가지 상황에 대해서 답은 어떠한가?

이 실험과 질문은 지금으로부터 약 10여 년 전인 2011년 11월 KBS의 특별기획 '사회적 자본'이라는 프로그램에서 방영했던 내용이었다.

"내가 다른 사람을 돕게 되면 도움을 받은 사람도 다른 사람을 돕게 되고 그렇게 도움의 연쇄반응이 일어나게 되면서 사회 전체에 선한 의도가 널리 퍼지게 됩니다. 이기심이 줄어들고 이타심이 늘어나면서 사회의 신뢰가 높아지고 사회적 자본이 축적 될 것이라고 생각합니다."

그 프로그램에서 인터뷰했던 어떤 교수의 표현이었다. 이 프로그램에서는 사회적 자본을 주제로 3회에 걸쳐서 다양한 실험과 인터뷰를 하였다. 이 프로그램에서는 사회적 자본을 "한 사회가 신뢰하고 소통하여 협력하는 사회적 역량"이라고 정의하고 있었다.

이렇듯 사회적 자본은 사회의 현상을 연구하고 변화과정을 추적하여 바람직한 대안을 연구하는 사회학에서 연구되었던 학문이었다. 최근 들어서는 거래 상대방 간에 벌어지는 신뢰의 문제를 중심으로 기업의 경영성과에도 영향을 미친다고 하는 다양한 연구가 진행되기 시작하였다. 사회적 자본은 신뢰나 투명성, 일체감, 바람직한 소통 등이 현장 경영 성과에 미치는 영향에 관한 논의가 집중되고 있다.

기업 경쟁력의 새로운 원천으로 '사회적 자본Social Capital'에 대한 연구가 활발하게 된 것이다. ≪트러스트Trust≫라는 저서로 잘 알려진 스탠포드대 후쿠야마 Fukuyama 교수는1997 '함께 일하게 만드는 능력, 협력을 가능하게 하는 집단들 사이에 공유된 가치, 규범, 신뢰'라고 사회적 자본을 정의하였다. 이론적인 연구만이 아니라 경영의 현장에도 사회적 자본을 접목한 시도가 많아지고 있다. 특히, 영업 분야와 관련하여 사회적 자본에 대한 시도는 활발히 진행되고 있다. 재무적 자본Financial Capital, 인적자본Human Capital 으로 대변되어 온 기업의 2가지의 기본적인 자본과 더불어 사회적 자본은 제 3의 자본으로까지 일컬어지게 되었다.

사회적 자본의 핵심적인 요소는 신뢰Trust 이다. 신뢰가 성과에 미치는 방식은 거래비용으로 나타난다. 시장은 수많은 거래로 이루어지는데 내재된 신뢰의 수준이 낮다면 아무리 룰과 원칙, 시스템이 잘 만들어져 있어도 거래에 많은 시간과 비용이 소모될 것이다. 투명성은 신뢰사회의 기반이 된다. 투명성은 비즈니스 거래에서도 큰 작용을 한다. 신뢰의 수준은 거래 파트너 상호 간에도 발전에 많은 영향을 주게 된다.

예를 들어보자, 품질과 원가라는 2가지는 현실경영에서 일상적으로 벌어지는 수천, 수만 가지 현상들을 줄이고 줄이고 또 줄였을 때 남는 딱 2가지일 것이다. 그만큼 품질과 원가는 경영에 있어서 가장 기본적인 요소이다. 경영자는 품질과 원가 사이에서 고민이 그칠 날이 없다. 이 2가지야 말로 경영자가 스트레스를 받게 만드는 범인이다. 품질을 높이자니 원가가 높아질 것 같고 원가를 낮춰서 이익을 높이자니 품질을 희생시켜야 한다. 두 기지로부터 파생되는 수많은 문제들은 경영자의 주름살을 나날이 깊게 만들고 있다.

이와 비슷하면서도 만만치 않은 고민거리가 또 있다. 그것은 유통과 브랜드 사이에서의 고민이다. 경영자의 입장에서 브랜드가 강력하다면 유통은 별로 신경을 쓰지 않아도 된다. 최종 소비자가 너무나도 선호하는 강력한 브랜드를 가지고 있다면 유통은 차선의 전략 대안이라고 할 정도다. 그러나 제조기업이 강력한 브랜드를 갖는다는 것이 생각만큼 쉽지 않기 때문에 브랜드 못지않게 항상 유통에 대해서도 고민하게 된다.

한국에서 제조기업의 경우는 일반적으로 대형 유통 같은 채널을 통한 납품판매도 하지만 자기 스스로의 유통 채널을 구축하여 유통하기도 한다.

예컨대 전속 대리점이나 가맹점, 특약점이라 불리는 판매채널을 만들어서 자사 제품을 공급하는 것이다. 이를 간접 채널이라고 한다. 최근 들어서는 간접 채널을 통칭하여 General Trade라는 명칭을 붙이기도 한다. 이처럼 간접 채널은 제조기업 입장에서 중요한 유통 중의 하나이다. 제조기업이 스스로 대형 유통업에 진출하기도 하였지만 성공한 사례는 찾아보기 힘들다. 제조기업의 입장에서 대형 유통을 상대로 하는 채널은 직접 납품 채널이라고도 하며 Modern Trade라는 명칭을 붙이기도 한다. 대형 유통 채널의 공급자는 제조기업이다. 대형 유통의 입장에서 보면 좋은 제품을 최적의 공급 조건으로 납품 받는 것은 중요한 성과의 지표가 되었다. 그렇기 때문에 오랜 동안 대형 유통기업은 제조기업을 대상으로 끊임없는 협상과 경쟁을 해왔다. 유통 채널의 경쟁 수단은 매장의 수, 규모, 위치, 구색 등 여러 가지를 들 수 있지만 최근 들어 크게 부각되는 것 중의 하나는 유통 업체 자신의 브랜드를 발굴하고 확산하는 것이다. 이를 유통 상표Private Label; PL라고 한다. 유통 업체는 PL 상품을 기반으로 제조기업과의 협상력을 높일 수 있고 높은 마진을 올릴 수 있다. 이와 함께 좋은 품질의 PL 상품을 개발했을 때에는 또 다른 고객만족과 신뢰를 얻을 수도 있다. 결과적으로 높은 고객신뢰는 유통 점포에 대한 소비자의 충성도를 높이는 결과를 가져온다. 유통의 역사가 긴 영국의 경우는 PL상표의 비중이 2014년 기준으로 50%를 넘는다고 한다. 이쯤 되면 수많은 제조기업은 말 그대로 거의 '제조만 하는 기업'일 뿐인 셈이다.

이래저래 제조기업은 대형 유통으로부터의 압박에 시달리게 되었고, 게다가 PL같은 다른 유형의 경쟁 제품까지 생겼다. 날이 갈수록 제조기업의 경영자는 유통과 브랜드 사이에서 고민이 깊어질 수 밖에 없었다. 이 때문에 수많은 제조기업은 브랜드 가치를 높이려고 하거나 자신만의 유통 채널을 별도로 구축하고 활용하여 자신의 제품을 최종 소비자에게 전달하려는 시도를 해왔다. 그 채널 중의 하나가 간접 채널이었다.

사회적 자본에 대한 연구는 유통 채널 구축과 관련하여 활발히 진행되어 왔다. 사회적 자본을 대 유통 경쟁력의 중요 부분으로 보았기 때문이다. 특히 대리점, 가맹점, 특약점으로 대표되는 간접 채널 분야에서 연구가 활발하였다. 2013년 한 유업회사의 대리점에 대한 갑질 사건은 사회적으로 큰 파장을 불러왔다. 이 사건의 겉으로 드러난 현상은 영업 직원의 대리점에 대한 갑질이었지만 본질적으로 보면 기업의 간접 채널에 대한 전략이 없었던 것이고 본사와 대리점 간의 신뢰 문제였던 것이다. 이 사건 이후로 사회적 자본은 기업의 영업활동 측면에서 중요한 연구 대상이 되었다.

간접 채널 분야에서의 연구가 활발했던 이유는 세일즈 모델Sales Model 측면에서 몇 가지 독특한 특징을 갖고 있기 때문이다. 우선 간접 채널은 한국적 채널 특성을 갖고 있다. 미국의 제조기업과 한국의 제조기업 사이에 핵심적인 차이는 간접 채널의 유통구조가 다르다는데 있다. 구조적으로는 '자사소유또는 통제 가능한의 유통 채널을 소유하는가 아니면 유통 전문 기업에게 위탁하는가의 차이'이다. 미국의 제조기업은 딜러Dealer 또는 Broker라 불리는 납품 채널을 거래하는 경우가 일반적이다. 본사는 핵심기술과 브랜드, 마케팅을 담당하고 생산기지는 저 원가를 실현할 수 있는 곳에 위치하며 영업은 종합상사 같은 해외 판매망에 위탁하는 것이다. 그렇기 때문에 영업에 있어서 미국의 제조기업은 딜러를 대상으로 납품가와 판매량을 자신이 만족할 수 있는 수준까지 맞추기 위한 각종 조건을 내 걸면서 상대방이 수용하게 만드는 행위가 필요하게 되었다. 이른바 '협상'이라는 화두가 영업의 중요한 수단이 되었던 것이다. 이 때문에 미국은 영업교육에 있어서 '협상'이 중요한 교육 콘텐츠로 자리잡게 된 것이다. '협상'은 참으로 유용한 거래의 수단이며, 처지의 유불리함을 떠나서 적절한 협상력의 발휘는 성과를 창출하는 영업의 기본이다. 하지만 그럼에도 불구하고 한국의 현장 영업사원은 협상교육에 대해 시큰둥해하는 경우를 심심치 않게 볼 수 있다. 왜 그럴까? 교육으로 영업을 바꾸기 힘들다는 암묵적 전제 또는 부정적 관념 때문일까? 협상이 영업에 있어서 훌륭한 툴임에도 불구하고 관심이 크게 없다고 생각하는 경우가 많은 이유가 도대체 무엇일까?

한국에 있어서 간접 채널은 특성상 사회적 자본의 핵심인 관계의 네트워크 자체가 사업 성과와 직결되는 유통구조다. 즉, 일반 유통과 달리 간접 채널은 제조 본사와 계약을 맺은 독립사업가인 대리점, 가맹점, 특약점 등이 자신의 판매원을 모집해서 상품을 직접 판매, 배달하는 활동을 한다. 따라서 본사와 사업가들 간의 관계, 사업가들과 소속 영업네트워크 간의 관계가 사업성과에 결정적인 영향을 미친다. 간접 채널 자체가 관계의 네트워크이고, 그 관계의 네트워크에서 판매 활동이 이루어진다. 게다가 판매방식은 기존의 채널과 다른 교환의 논리logic of exchange를 가지고 있다. 간접 채널의 경우 대부분 소속 사업가들이 본사로부터 제품과 영업에 대한 각종 지원을 받지만, 본사에 일방적으로 종속되지 않고 독자적인 운영을 하는 사업주체다. 또한 간접 채널은 기본적으로 본사와의 계약, 자신의 네트워크와의 계약에 근거한 사업활동을 하지만, 계약 외에 본사나 자신의 영업 네트워크와의 인간적인 관계가 중요한 역할을 하는 사업적 특징을 갖고 있다. 이처럼 간접 채널은 채널 자체가 관계의 네트워크 구조로 이루어져 있기 때문에, 여타 채널과 달리 사회적 자본이 성과에 미치는 직접적인 영향을 탐색할 수 있는 전형적인 적용대상이라고 할 수 있다.

한국의 제조기업들은 오랜 기간에 걸쳐서 자신의 채널이라 할 수 있는 간접 채널을 활용해 왔다. 제조기업의 영업에서는 협상보다는 간접 채널을 자신의 의도에 따라 움직이게 만드는 영업정책 즉, '시책'이 중요한 영업의 수단이 되었다. 최근까지도 많은 간접 채널 유통기업들은 시책을 중요한 도구로 활용하고 있다. 시책의 기본 사상은 '간접 채널을 나의 의도대로 움직이는 것"이다. 이러한 시책의 성패를 좌우하는 것은 목적함수를 본사와 간접 채널이 함께 일치 시키는 것이다. 예컨대, 본사나 대리점의 공통목표는 최종 고객이 늘어나는 것이고 고객의 구매가 늘어나는 것이다. 이렇게 단순한 목표가 각자의 입장으로 가면 흐려지게 된다. 이를 조정하는 것은 바로 신뢰다.

신뢰영업(Trust Selling)-2

사회적 부채

영업정책은 신뢰를 먹고 산다. 신뢰관계가 잘 형성되어 있다면 본사가 정하는 영업정책은 채널의 지지를 받게 될 것이고 그렇지 못하다면 어떤 좋은 영업정책도 현장에서 외면 받게 될 것이다. 영업정책 성패의 본질은 본사와 채널 각자의 역할을 명확히 정의하고 충실히 하는 것으로부터 출발한다. 본사의 역할을 채널에 미루고 채널 스스로의 역할을 본사에게 의존만 한다면 신뢰관계는 깨지고 만다.

신뢰관계가 깨지는 것을 '사회적 부채Social Debt'라고 한다. 사회적 자본은 반드시 긍정적 결과만을 가져오는 것은 아니다. 여타 자본에 대한 투자처럼 사회적 자본에 대한 투자도 비용 부담 없이 바꾸거나, 전환될 수 있는 것들이 아니다. 조폭 집단을 생각하면 보다 쉽게 사회적 부채가 이해될 것이다. 조폭 집단은 강제적으로 단체행동을 해야만 한다. 집단에서 탈퇴한다면 가차없는 보복이 뒤따른다. 집단의 외부인들을 심하게 경계하고 패거리 문화가 지배한다. 이를 포르테스 Portes, 1998 같은 학자는 사회적 자본의 부정적인 측면으로 외부인의 배척, 그룹 구성원에 대한 과도한 요구, 개인의 자유에 대한 제한, 하향 평준화된 규범이라는 4가지 현상이 나타나는 것이라 하였다. 즉, 자기들만의 문화를 만들어감으로써 외부와 단절하는 시도 같은 '패거리 문화'가 대표적인 사회적 부채라 할 수 있다.

사회적 부채는 조폭 사회 같은 극단적인 모임 외에도 기업 간 거래나 유통에 있어서도 흔히 볼 수 있다. 예컨대, 영업의 성공요인을 논할 때에 관계를 중요시해서 관계 관리를 잘 하는 것이 중요하다고 간주해 왔다. 많은 영업 관리자들은 영업사원에게 "관계를 잘 맺도록" 적극 독려한다. 물론, 거래 상대방과의 관계를 공고히 하는 것은 영업에 있어서 중요한 성공 요인임에는 틀림이 없다. 관계가 돈독하다면 협상의 의미는 상대적으로 줄어든다는 장점이 있기 때문이다. 그러나, 관계는 치명적인 약점을 동시에 안고 있기도 하다. 관계는 관계 그 자체를 해치지 않으려는 비본질적 노력에 의해서 때때로 거래의 본질을 왜곡시킨다. 관계를 해치지 않기 위해 올바른 말이나 거래처를 위한 조언을 회피하게 되는 경우가 발생하게 된다. 관계는 분명코 성공적인 영업의 지름길이긴 하지만, 오히려 사업을 무기력하게 만드는 경우도 있다.

또한 잘나가던 사업이 정체되었을 때나, 사업이 잘나가더라도 소득을 분배하는 시점에서 좋았던 관계가 문제가 되는 관계로 변질되는 현상이 발생하기도 한다. 오랫동안 성장을 누려온 한국 제조기업의 전속채널은 새로운 국면에 직면하게 되었다. 본사의 영업사원과 대리점으로 대표되는 간접 채널과의 마찰이 이를 상징적으로 보여주고 있다. 과거 성장기에서 보여 주었던 본사와 간접 채널 사업자 간의 공고했던 협력은 성장이 정체되고 경쟁이 치열해지면서 많은 문제를 드러내게 되었다. 간접 채널의 위기와 함께 유통에 대한 새로운 고민이 시작된 것이다. 이에 따라 간접 채널을 주력 채널로 하고 있던 수많은 제조기업들이 영업의 구조와 혁신의 측면에서 기로에 직면하게 되었다.

갈등의 양상은 이뿐 만이 아니었다. 제조기업 본사에서 매년 성장을 위한 공격적 사업계획이 발표된다. 사업계획상의 공격적인 목표는 영업본부에 고스란히 할당되었고, 영업본부는 부여받은 목표를 자신이 관할하는 각 유통 채널에 나누어 할당하였다.

간접 채널에서도 예외는 아니었다. 그러나 본사에 비해 규모가 작은 대리점, 가맹점 등은 본사에서 할당되는 공격적인 목표를 수용하기에 한계가 있었다. 사업이 한창 성장할 때는 큰 문제가 없었으나 치열한 경쟁으로 인하여 대리점이나 가맹점의 성장이 어느 수준에 도달하면 매년 증가하는 할당목표를 잘 따라가기가 쉽지 않게 되었다. 여기서 문제가 생겼다. 본사는 끊임없이 간접 채널로 하여금 목표를 달성하도록 압박하거나 관리를 하려 들었고 간접 채널은 나름대로 압박에서 벗어나고자 여러 행동을 시도하게 되었던 것이다. 이 때문에 본사소속의 영업사원의 임무는 본사 시책을 채널에 잘 전달하는 일이 되었고 시책을 기반으로 마찰 없이 매출을 독려하는 것이 주 임무가 되었던 것이다. 시책을 통해 어떤 때는 채널을 회유하기도 하였고 어떤 경우에서는 압박하기도 하였다. 채널을 관리하는 영업사원의 역할은 '시책'을 전파하는 것이 주가 되었고 '시책'에 따라 채널을 지원하는 활동을 하는 것이 곧 성과와 직결된다고 고정인식이 되었다. 부지불식간에 영업사원의 역할이 정의된 것이다. 이렇게 오랜 시간이 흘러서 고착화

되었다.

이러한 상황 속에서 현장과 동떨어진 영업교육은 덜 중요한 것으로 취급되어왔으며 수많은 현장 영업사원들에게 아무리 좋은 교육을 해도 먹히지 않는 본질적인 이유로 작용하게 되었다.

사회적 부채 현상은 채널에만 있는 것이 아니라 본사의 영업사원 스스로에게도 있었다. 영업사원의 변화가 필요해졌다. 상황이 바뀌고 있기 때문이다. 그러므로 현실적이고 성과지향적인 영업교육은 절대적으로 필요하다. 그렇다면 현실적이고 성과지향적인 영업교육은 무엇이 핵심이 되어야 할까? 한국과 미국의 영업 환경이 다름에도 불구하고 수많은 영업교육의 툴이 미국으로부터 들어오게 되었다. 그러나 불행하게도 그런 교육들의 종착은 영업사원들의 교육에 대한 불신이었다.

예컨대, 영업사원을 대상으로 교육을 하고자 할 때에 영업의 역사가 조금이라도 있는 기업 중 특히 간접 채널을 운영하는 기업에서 흔히 볼 수 있는 현상 중의 하나는 '다 해보았다'는 반응이 이를 상징한다. 영업 교육에 부정적인 시각이 있는 영업부서의 직원들은 교육에 대한 관점이 보다 명확했다. 한 단어로 말하면 '치환의 선수들'이었다.

영업 교육 담당부서에서 새로운 트렌드에 맞게 새로운 교육을 시도해 보고자 해도 영업현장에서는 '예전에 받은 것으로 치환'해버리기 일쑤다. 영업을 새롭게 혁신해보고자 해도 제대로 실행해 보기도 전에 그만두는 경우가 다반사다. 본부에서 B라는 혁신적인 것을 도입해서 하자고 해도 영업현장에서는 과거의 경험에 빗대어 또 A를 하느냐고 주장한다. 기존의 상황을 조금이라도 개선하고자 A+를 도입해도 현장에서는 왜 자꾸 A를 하냐라고 우긴다. 이 때문에 어떠한 혁신과 좋은 계획도 실행에 한 발짝도 접근 못하고 그만두는 경우가 많다. 혁신을 위한 프로젝트를 하고자 해도 현장이 방관자가 되는 현상을 흔히 볼 수 있다. 심지어 인사권을 갖고 있는 영업본부장이 추진해도 안 바뀌는 경우까지 볼 수 있다. 무엇 때문에 이러한 현상이 발생하는 걸까? 이런 상황에서 영업교육을 통해서 현장 상황을 바꿀 수 있을까?

영업의 본질적인 문제는 전략이나 교육으로 풀 수 있는 것이 아니다. 본질적인 해결책은 신뢰 수준을 높이는 것이다. 이와 관련한 활동에 대한 고민을 진지하게 해야 할 때다. 그렇다면 신뢰를 높이는 실마리는 어디서 찾아야 할까? 절대 먼 곳에 있지 않다. 현장과 밀착된 날카로운 시야에 해답이 있다. 영업에 있어서 전략의 출발점은 현장을 기반으로 하는 시야에 있다. 현장의 신뢰를 높이는 전략적 접근에 답이 있다.

영업은 모델이다

신뢰에 기반한 지속적 성과 창출의 비밀

영업모델(Sales model)-1 : TCP Model[신뢰-몰입-성과]모델

영업모델(Sales model)-2 : 비즈니스 관계의 성공요인

영업모델(Sales model)-3 : 협상은 영업이 아니다

영업모델(Sales model)-4 : 영업의 관점을 가져라

영업모델(Sales model)-5 : 설명력 모델

영업모델(Sales model)-1
TCP Model[신뢰-몰입-성과 모델]

고대 로마에서는 정직하고 양심적인 상인들의 가게 바깥에 '시네 세라Sine Cera'라는 문구를 붙여놓았다고 한다. 시네는 '무無'라는 뜻이고, 세라는 '왁스밀랍'라는 뜻이다. 당시에 동상을 파는 상인들이 동상에 흠집이 있으면 밀랍으로 메워서 고객이 눈치채지 못하도록 숨기는 일이 흔했기에 그런 짓을 하지 않는 정직한 상인을 칭찬하고 격려하는 방법이었다.

믿는다는 것trust은 비즈니스 세계에서 어떻게 만들어지고 행해질까? 런던비즈니스스쿨의 허미니아 이바라Herminia Ibarra 교수는 신뢰를 '진정성authenticity'과 연결했다. 진정성의 첫 번째는 '스스로에게 솔직한 것'이라면서 과거뿐만 아니라 현재 그리고 미래의 스스로에게 솔직해져야 상대에게 진정성을 보일 수 있다고 말했다. 영업사원이 갖추어야 할 기본이 무엇인가?에 대한 연구는 오랫동안 학자들의 관심사였다. "세일즈 스쿨 앤 컨퍼니"의 김상현 박사의 연구에 의하면 영업사원은 기본적으로 전문성, 일관성, 진정성의 세 가지를 기본적으로 갖추어야 한다고 하였다. 전문성은 "실력"을 말한다. 영업사원의 실력의 기반은 제품지식과 판매력이다. 일관성이란 "한결같음"을 말한다. 한결같다는 것은 디테일과 맥이 닿아있다. 작은 일도 지속적으로 챙기면 일관적이라는 평가를 받는다. 진정성은 "나의 일"처럼 생각하는 것을 말한다. 이는 영업사원의 마음가짐이다.

전문성 즉, 실력은 성과를 올리는 지름길이다. 영업사원이 실력이 없는 경우 나타나는 현상은 "정치를 한다." 즉, 조직 내에서 잘 보이려고만 한다는 뜻이다. 실행에 자신이 없으니 행동은 안하고 말로만 하는 경우가 많다. 이런 경우의 대부분은 "발이 땅에서 떨어져 있다"고 표현을 한다. 현장을 모른다는 의미다. 문화적으로 네일 내일을 딱 잘라서 구분을 하는 영업조직에서는 모든 부담이 영업 리더에게 몰린다. 이런 경우는 결국, 영업사원이나 리더의 전문성실력이 핵심이 된다.

일관성의 반대는 이랬다 저랬다 하는 것이다. 여기에는 양면성이 있다. 이를 좋게 포장해서 보면 애자일Agile이라고 한다. 반대로 나쁘게 표현하면 좌충우돌이 된다. 이런 영업사원의 경우 내가 하면 "유연성"이 있다고 하고, 남이 하면 "비 원칙"이라고 비난한다. 영업사원이 고객에게 이런 모습을 보이는 경우 고객이나 직원은 발을 안 담근다. 거래에 몰입을 하지 않는다 왜냐하면 상대가 -일관성 없음이-쉽게 알게 되므로 정리될 때까지 발주대응을 안 하거나 일을 안하고 지켜본다.

비즈니스거래상대나 직원을 빼먹을 대상으로 보면 진정성은 실종된다. 영업사원의 어떤 발표이든 잘 들어보라. 만일, "잘"하겠다거나 "최선"을 다하겠다. 라고 하는 경우를 흔히 볼 수 있다. 그런데, "잘"과 "최선"의 정의가 다 다름을 알 수 있다. 그러나, 대부분의 경우는 뭘 해야 하는지 모르는 경우가 대부분이다. 영업사원은 자신이 무엇을 해야 할지를 아는 것이 실력이다. 뭘 해야 하는지 아는 것이 영업사원의 실력이다. 만일, 영업사원이 모른다면 그 영업사원은 주변의 코칭을 그냥 "쪼는 것"으로 인식하게 된다. 고객에게도 마찬가지다. 이런 경우의 대부분은 고객에게 "무조건 믿어 달라는 것"으로 커뮤니케이션하는 경우가 많다. 그러므로 영업사원은 자신의 일처럼 생각하는 자세가 필요하고 무엇을 해야 할지를 정리하고 우선순위를 정하는 것이 진정성의 출발이 된다.

시카고경영대학원의 Waverly Deutsch와 Craig Wortmann 교수는 <기업가적 판매Entrepreneurial Selling>라는 논문에서 판매의 성패를 좌우하는 것은 영업 전문성Professional Sales이 아니라 기업가가 가진 '열정과 헌신'이라고 정의했다. 열정과 헌신이 자기 제품에 대해 믿음을 갖게 하고 부정적 의견을 멀리하게 만든다고 주장했다.

신뢰는 신의성실과도 맥이 닿아 있다. 신의성실은 '하겠다고 말한 바를 제대로 실행하는 것'에서 출발한다. 느끼고 말하고 행동하는 것 사이에 일관성을 유지하는 것이다. 기업가적 성향을 가진 영업사원은 준비된 제품과 서비스에 대한 열정과 지식이 충만한 사람으로 성실과 헌신으로 신뢰를 만들어내고 이를 통해 현재의 제품보다 미래의 가치에 투자하게 만든다. 자신의 열정에 고객들을 전염시켜서 물건을 사게 만든다. 고객과 끊임없이 소통하면서 모든 종류의 피드백을 가감 없이 활용한다. 그들은 강의실에서 만들어지지 않는다. 수많은 고객과의 만남으로 만들어진다.

신제품이 나올 때마다 유독 판매를 잘하는 영업사원들이 있다. 그들이 뛰어난 실적을 올리는 것은 신제품을 판매할 때 더 큰 강도의 집중력을 투입하기 때문이다. 그들은 기존의 상품과 서비스를 판매할 때보다 평균적으로 35% 정도 소비자들을 더 많이 만나고 대면하며, 미팅에 32%의 시간을 더 소비하는 것으로 나타났다. 거래처의 내부 구매와 관련된 부서와의 미팅에도 30% 정도 시간을 더 투자하는 것으로 나타났다. 이를 통해 깊은 신뢰를 형성한다.

신뢰를 형성하여 성과를 창출하는 과정은 'TCP모델Model'로 설명할 수 있다. TCP모델은 신뢰Trust-몰입Commitment-성과Performance간의 상호 관련성을 설명해 주는 모델이다.

신뢰Trust 수준을 높이면 거래 상대 상호 간에 집중몰입, Commitment이 생긴다. 상대의 거래활동에 주목하는 지속적인 몰입으로 협력관계가 만들어지고 바람직한 협력관계의 결과로 금전적, 비금전적 성과Performance를 가져온다.

그러면 신뢰Trust는 어떻게 만들어질까? 신뢰는 2가지를 통해 형성된다. 하나는 "저 사람은 참으로 의도가 선한 것 같아. 믿을 만해"라는 것으로 주변 사람들에게, 특히 거래 당사자에게 '선의goodwill를 베풀어 줌으로써 얻어지는 신뢰'다. 다른 하나는 "저 사람은 정말로 실력이 출중해. 어떤 문제도 잘 해결할 수 있을 거야"라고 말하게 만드는 것으로 '실력competence이 뛰어나서 생기는 신뢰'다. 이 2가지를 갖추면 자연히 신뢰가 따라온다.

몰입Commitment 또한 2가지로 나눌 수 있다. 하나는 '마음에서 우러나오는 몰입'으로 '정서적affective 몰입'이라고 한다. 다른 하나는 '몰입을 할지 말지를 주판알 튕겨보듯 따져보고 하는 몰입'으로 '계산적calculative 몰입'이라고 한다. 실생활의 아는 사이에서도 이런 상황은 쉽게 볼 수 있다. 어떤 사람이 지인이 너무 호감스러운 나머지 "저 사람을 이해하고 싶다"는 마음이 우러나와서 자주 만나고 얘기도 많이 하고 정보를 얻고자 하는 행동을 하는 경우가 있는 반면에 또 다른 사람에게는 호감은 없으나 친한척함으로써 얻게 될 이득을 바라보고 친한척하는 경우도 있다.

성과Performance도 2가지 측면으로 바라볼 수 있다. 하나는 신뢰와 몰입의 결과로 거래 파트너를 전적으로 믿게 되고, 지속적인 거래 의사를 갖게 되며, 다른 거래 대안을 특별히 고려하지 않게 되는 것이다. 한마디로 '충성도loyalty'가 높은 경우다. 다른 하나는 기업에서 일반적으로 말하는 결과인 성과 수치를 말한다. 즉, 재무적Financial 성과다.

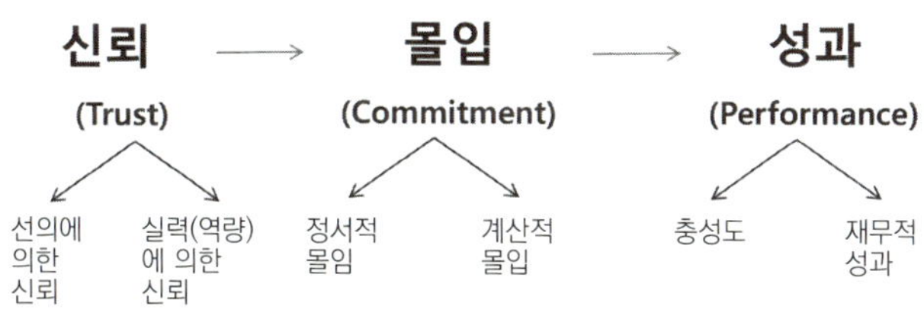

필자와 연구팀은 이 6가지 변수를 바탕으로 2년에 걸쳐 국내의 311개 B2D채널을 대상으로 인터뷰 조사를 실시했다. 일반적으로 기업 간 거래를 'B2BBusiness to Business', 기업과 개인 간의 거래를 'B2CBusiness to Consumer'라고 한다. 그렇다면 기업이 자신의 채널로 만들고 관리해온 대리점이나 가맹점, 특약점직영점까지도 등을 대상으로 하는 거래 방식은 뭐라고 해야 할까? B2B일까, 아니면 B2C일까? 우리는 이를 'B2DBusiness to Distributor'로 정의했다. 기업과 공급 채널 간의 거래라는 의미로 붙인 이름이다.

한국적 유통 상황에서 B2D는 중요한 거래 채널 중 하나다. 많은 제조 및 서비스 기업들에서 B2D를 구축하여 성공적인 유통 성과를 이루어왔다. 그러나 이 B2D가 여러 문제를 표출하기 시작했다. 갑질 논란, 불공정거래 등으로 대표되는 각종 문제가 나타난 것이다. 이 문제를 바라보는 많은 사람들은 '신뢰의 추락'이 빚은 결과라면서 상호 신뢰 회복이 해결 대안이라고 강조했다.

연구팀은 식품, 사무용기기, 화장품, 이미용품, 은행 등의 분야에서 기업과 채널이 서로를 보는 관점을 조사했고 당사자 간에 나타나는 시각의 차이점에 주목했다. 팀은 여기서 흥미로운 점을 발견할 수 있었다.

311개의 B2D채널을 대상으로 인터뷰 조사를 실시한 결과 신뢰는 관계적 영역이나 거래적 영역에 상관없이 모두 정서적 몰입에 직접적 영향을 주는 것으로 나타났다. 특히, 기업들은 채널에 선의를 베풀면 채널도 마음에서 우러나와서 반응을 보여 줄 것으로 확신하고 있었다. 선의를 통한 신뢰가 정서적 몰입에 영향을 준다고 생각했던 것이다. '상대적 약자인 B2D채널에 잘해주면 채널도 열심히 할 것'이라는 가정을 갖고 있었다는 뜻이었다. 하지만, 이런 가정은 채널 입장에서 볼 때와는 상당한 시각차이가 있었다.

채널 입장에서는 본사에 대해서 단순히 친절하게 해 주는 것을 기대하지 않았다. 채널은 기업이 실력이 있어야 마음에서 우러나오는 협력 의사를 내비쳤다. 한 마디로 실력을 통한 신뢰가 정서적 몰입에 더 큰 영향을 준다고 보았다. 채널에서 기대하는 실력의 정의는 "기업과 영업사원이 채널 자체의 성과를 향상시켜줄 실력이 있는가"를 따져서 신뢰를 주고 있었다. 채널이 기업의 역량에 대해 더 신뢰를 보낸다는 것은 본사에 비해 상대적으로 사업규모가 작은 채널 점주의 생존을 지속시켜주고 발전에 도움을 줄 것이라는 기대치와 민감도가 컸기 때문이었다. 기업은 이를 이해해야 한다. 실력을 통한 신뢰가 선의에 의한 신뢰보다 정서적 몰입에 더 큰 영향을 주게 되는 메커니즘을 인식 해야 한다. 채널을 담당하는 영업사원들이 채널 당사자의 생존에 도움을 줄 수 있는 것이 무엇인지를 파악하고 해결할 수 있는 역량을 강화하는 데 집중해야 한다.

또 하나 주목할 사실이 있었다. 신뢰의 종류 중에는 역량을 통한 신뢰가 재무적 성과에 더 큰 영향을 준다는 것이다. 채널이 기업에 대해 갖는 충성도에도 직간접적으로 영향을 주지만, 재무적 성과에 미치는 영향에 비할 바가 아니다. 역량에 의해 만들어지는 신뢰야말로 채널이 갖고 있는 욕구를 충족시킬 수 있는 핵심 요인이다. 기업은 인적, 물적 자원의 역량에 대한 채널의 신뢰를 획득하는 것이 채널과 상생할 수 있는 첫 단추임을 명심하고 이에 대한 노력과 투자를 아끼지 말아야 한다.

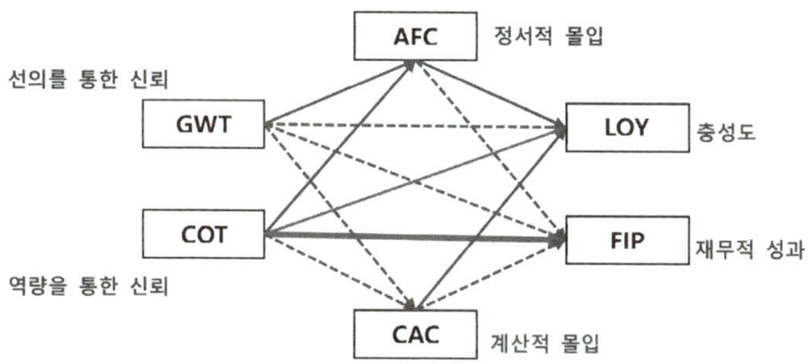

때마다 이슈가 되는 기업과 대리점의 불협화음도 더 자세히 들여다보면 갑질이나 불공정거래가 문제의 본질이 아닌 것을 알 수 있다. '신뢰관계를 끌어갈 수 있는 역량의 부족'이 본질적인 문제인 것을 쉽게 발견할 수 있다. 기업은 채널을 상대함에 있어서 '관계의 품질quality을 높이는 실력'을 만들어가는 것이 관계를 공고히 하는 핵심 솔루션이 된다.

채널의 충성도는 채널이 오랜 동안 본사를 믿고 거래하고 싶은 의사를 말한다. 충성도에 영향을 주는 것은 정서적, 계산적 몰입 둘 다이다. 기업이든 채널이든 서로 간에 실력이 있고 믿을만 하다는 것이 인정되는 경우에 있어서는 '함께 잘해보자'라는 다짐이 생긴다. 협력을 잘 한다는 것은 지속가능경영의 기반이 될 수 있다.

신뢰를 높이는 최선의 방법은 '채널을 실질적으로 도울 수 있는 진정성과 실력을 갖추는 것'이다. 어찌 보면 너무나 당연한 말인데 새삼 신선하게 다가오는 이유는 무엇일까? 실제 현장의 거래에서는 그렇게 하고 있지 못하기 때문이다. 그렇다면 실력역량은 무엇일까? 그 해답이 될 만한 비유적 사례를 살펴보자.

K씨는 만 88세가 되었다. 젊어서 남편을 잃은 후 홀몸으로 두 아들을 지극정성으로 키웠다. 그러나 한 해 한 해 늙어가면서 몸이 많이 쇠약해졌고 지금은 휠체어에 의존하여 생활을 하고 있었다. 그녀는 자신이 오래 살지 못할 것이라고 생각하고 있었다. K씨에게는 아들 둘이 있는데, 사회적으로 안정되고 경제적으로 걱정 없는 유능한 사람으로 살아갈 수 있기를 바랐다.

큰 아들 KA는 심성이 착하고 여린 편이다. 그러나 사회경제적으로 풍족하지 못한 삶을 살고 있다. 젊어서는 비교적 안정된 직장생활을 했지만, 그리 오래가지 못했다. 어쩌다 조기 퇴직을 하고 나서는 파트타임으로 일을 하며 지내고 있다. 그는 주변에서 알아주는 효자라는 소리를 들을 정도로 어머니에게 잘한다. 어떤 누구보다 K씨를 우선적으로 돌봐주고 틈틈이 말벗도 되어드린다. K씨는 마음씨 따뜻한 큰아들이 수발을 들어주는 것이 만족스럽고 편안했다. 그러나 KA가 풍족인 삶을 살지 못하는 것에 가슴이 아팠다.

장남과 달리 차남인 KB는 적극적이고 도전적인 사람이다. 그는 사회에서의 성공이 곧 효도를 하는 길이라고 생각하고 있었다. 나름 현실을 극복하고자 하는 여러 시도를 꾸준히 해 왔다. 몇 번의 실패도 있었지만 사업체를 키웠고 사회적으로 인정받는 중소기업의 오너이자 최고경영자가 되었다. 지금도 KB는 새벽부터 밤늦게까지 왕성하게 일하고 있었다. KB는 늙은 모친인 K씨를 거의 찾아 뵙지 못하고 있었다. 이 부분을 가끔 생각할 때에는 스스로도 마음이 아팠지만 그래도 자신이 성공하는 길이 진정한 효도라고 생각하고 있었다. 드물게 K씨를 찾아 뵐 때에도 1시간을 넘지 못하고 있다가 가는 경우가 많았다.

여러분은 KA와 KB 둘 중에 누가 진정한 효자 노릇을 하고 있다고 생각하는가?

신뢰를 만들어내는 역량은 2가지다.

첫째는 성과를 창출하는 역량performance capability이다. 성과를 창출하는 역량은 더 우수한 성과를 만들어내고 거래 당사자 간에 정해진 약속을 철저히 이행하는 역량을 말한다. 거래관계를 운영해 나아가는데 있어서 극도의 효율성을 추구하는 역량이다. 성과를 창출함으로써 거래 당사자 간에 거래효율성과 상호 의존성을 증가시켜가려는 능력을 말한다.

둘째는 관계에 헌신하는 역량relationship commitment capability이다. 이 역량은 거래 당사자 간의 상호이익을 위한 목표를 공유하려는 결의의 기준이 된다. 관계 헌신 역량에 기반하는 신뢰는 정보를 투명하게 공유하고, 파트너의 역량 향상을 성실히 도와주고, 공감 능력을 극대화함으로써 만들어 갈 수 있다.

다시 사례로 돌아가서 보자. 사례에서 KA는 관계에 헌신하는 역량이 뛰어난 사람이다. 반면에 KB는 성과를 창출하는 역량이 우수한 사람이다. 기업의 영업 현장에서는 이 2가지 역량을 필수적으로 보유해야 한다.

아래 그림은 사례를 적용하여 성과창출역량과 관계헌신역량의 상관관계를 표현한 것이다.

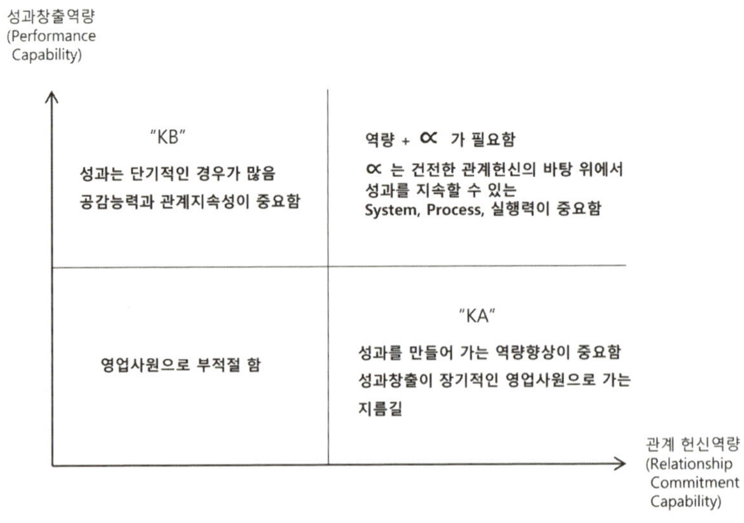

거래 당사자 간의 신뢰를 구축하는데 있어서 신뢰를 향한 단순한 열망만으로는 충분하지 않다. 거래 당사자들은 서로가 약속을 이행할 수 있는 시스템과 프로세스, 수행 역량을 갖추어야 한다. 이렇게 해서 기업들이 성숙한 단계의 신뢰를 형성할 수 있는 역량을 갖게 되면 협력적 거래 혁신의 가능성이 증가한다. 신뢰가 높아지면 의사결정과 문제 해결 과정에서의 협력이 원활해지고, 계속해서 새로운 협력적 기회를 탐험하고 개척할 수 있으며, 발생하는 문제를 줄이고 성공의 가능성을 키운다.

영업모델(Sales model)-2
비즈니스 관계의 성공요인

지금 이 순간에도 수많은 사람들이 신뢰에 대해 말하고 있다. 특히 정치인과 경영자들에게서 신뢰는 흔하게 들을 수 있는 단어가 되었다. 어쩌면 그것은 단어의 어원에 기인하는지도 모른다.

신뢰trust는 '편안함'을 의미하는 독일어 'trost'에서 연유되었다고 한다. Trost의 영어 의미는 위로 위안, 이라는 의미를 담고 있다. 독일어에서는 신뢰, 신용이라는 뜻과 함께 "마음의 위로가 되는 사람"이라는 의미를 포함하고 있다. 사람은 누군가를 믿을 때 마음이 편안해진다. 혹여 상대가 배신하지 않을까 하는 염려가 사라지기 때문에 마음을 놓을 수 있을 뿐만 아니라 배신을 예방하는 데 들여야 할 시간과 노력을 절약해주기 때문이다.

"성공적인 협력을 위한 핵심은 무엇인가?"라고 물었을 때 기업의 리더들은 언제나 변함없이 신뢰를 언급해왔다. 그러면서 신뢰는 협력과 제휴의 맥락에서 가장 많이 오용되고 남용되는 단어 중 하나가 되었다. 왜냐하면 신뢰를 내세우는 사람들이 신뢰의 본성과 신뢰의 근원을 전혀 이해하지 못한 상태로 사용해왔기 때문이다.

연구자들에 따르면 신뢰 구축에 실패한 많은 기업들에서 공통적인 한

가지를 발견할 수 있다. 신뢰를 만들어간다면서 오로지 '관계를 통한 거래 비용의 절감'을 목표로 삼았다는 것이다. 그들이 말하는 신뢰관계는 단순히 '저렴한 거래 비용과 유리한 가격 조건으로 오래오래 거래하는 것'이었다. 실패의 핵심적 원인이 바로 여기에 있었다.

그 동안 기업의 경영자와 영업사원들은 너 나 할 것 없이 '성공적인 관계관리'가 '신뢰를 형성해가는 것'이라고 주장해왔다. 관계관리에서 신뢰가 쌓이고 결국 성과를 낳는다고 여겨 많은 금전적 투입도 해왔다.

신뢰를 이처럼 단편적으로 해석하게 될 경우에 나타나는 대표적 현상 중 하나는 '장기간의 비용을 증가시키기보다 단기적 비용의 제거를 추구한다'는 것이다. 신뢰 구축과 관련한 역량을 획득하고 향상시키려는 노력과 투자 대신 비용을 절감하려는 기업이 많은 것이다. 신뢰수준이 높으면 쓸데없는 비용의 추가 지출이 없을 것이라는 단기적인 시각 때문이다. 신뢰감과 친밀감, 사회적 연결 망을 바탕으로 우호적인 거래관계를 만들기 위해 고객들을 골프나 고급 호텔 행사 등에 초대해서 성심성의껏 대접하는 데 많은 돈과 시간을 들인다. 무엇보다 관계가 껄끄러워지는 상황을 피하기 위해 영업관리자와 영업사원은 고객의 친구가 되려고 노력한다. 때로는 정당화할 수 없는 방법도 동원한다. 그러면서 고객과 접촉하는 기회를 많이 가지는 것이 곧 영업을 잘하는 능력인 양 간주되었다. 일부 기업에서는 영업사원을 영업사원이 아닌 '관계 관리자Relationship Manager'라고 부르며 고객과 더 나은 관계를 맺도록 독려하기도 했다. '우리가 남이가?'라는 말로 상징되는 피상적인 일체감은 이러한 시도의 결과물이었다.

관계 관리에 치중하는 영업은 기업의 경쟁력을 떨어뜨리는 결과로 나타났다. 좋은 관계를 유지하는 것이 항상 더 낫다고 믿는 친밀한 관계의 오류가 더 가치 있는 고객들에게 쏟을 수 있는 노력을 쏟지 못하게 만들고, 엉뚱한 고객에게 잘못 초점을 맞춤으로써 막대한 기회비용을 초래한 것이다. 이것은 접대라는 이름의 관계 관리 자체만으로는 협력이나 창의력을 증가시키지 않는다는 점을 부지불식간에 간과해왔기 때문이다.

고객과의 친밀한 관계를 유지, 발전시키기 위한 노력은 필요한 활동일 수 있지만, 그 자체만으로는 한계가 있을뿐더러 손실이 크다. 경제적으로 이성적이지 않고 비즈니스적으로도 생산적이지 않다. 신뢰의 기반 없이는 협력적인 관계가 형성될 수도, 지속될 수도 없다. 한 단계 높은 발전은 보다 장기적인 관점을 필요로 한다. 관계를 형성하는 기술은 영업사원의 개인기로 실행할 수 있지만, 신뢰는 다른 차원의 노력과 투자로 만들어지는 것이다. "영업에서는 널리 알려진 것처럼 관계적 친밀감을 도구로 쓰는 것과는 다르게 고객들은 실제로는 개인적이거나 의미 있는 관계를 원하지 않는다. 사실 이들은 이에 대해 냉소적이며 부담으로 여긴다"고 말한다. 그들이 내린 결론은 "고객이 진정으로 원하는 것은 그들의 가치를 높이고 수익의 새로운 성장 요인을 알아내는 데 도움이 되는 비즈니스 관계"라는 점을 인식해야 한다.

고객이 원하는 비즈니스 관계는 영업을 비즈니스 관점에서 이해하는 것으로부터 출발한다. 영업은 '고객을 위한 세심한 고민과 전략적 투자 의사결정 역량을 통해 높은 단계의 신뢰를 구축'하는 것이다. 관계의 친밀도에 의지하여 '네가상대가 할 것이라고 말한 것을 네가상대가 약속대로 이행하는 것Doing what you say you're going to do'이 영업의 신뢰라는 인식 수준에 머물러서는 고객이 바라는 비즈니스 관계를 형성할 수 없다. 협력적 역량을 증가시키는 신뢰가 영업을 비즈니스적으로 발전시키고 고객을 진정으로 만족시킨다.

고객과의 협력으로 건강한 비즈니스 관계를 형성하려면 고객에 대한 민감성이 요구된다. 고객이 추구하는 가치와 내면의 요구를 민감하게 포착하여 성장할 수 있는 기회를 제공할 수 있어야 한다. "당신의 고객과 최대한 친밀해져라. 그리하여 그들이 스스로 눈치채기도 전에 그들의 니즈를 파악하여 말해주어라Get closer than ever to your customers. So close that you tell them what they need well before they realize it themselves."라는 스티브 잡스의 말은 곱씹어 볼수록 시사하는 바가 크다.

더 이상 신뢰를 구호로만 외치지 말아야 한다. 올바른 신뢰관계를 위해서는 거래 당사자 간에 뛰어난 성과를 올릴 수 있는 현실적 열망이 필수조건이 된다. 그러나 열망만으로는 불충분하다. 서로의 필요를 충족하고 성장으로 이끄는 실력을 길러야 한다. 거래 파트너 간에 차별적이고 보완적인 능력을 가지고 효과적으로 결합할 때 보다 성숙한 신뢰관계로 가는 촉매제가 되는 것이다. 이 모두가 실력역량 향상을 통해서만 가능하다. 실력 향상을 시도할 생각이나 행동 없이 신뢰를 운운하는 것은 구시대에서 못 벗어난 담론일 뿐이다.

'소득이 눈앞에 있으니 판매직원이 되어 열심히 팔아라' 하는 것은 유토피아 이야기일 뿐이다. 영업의 매력은 유토피아에서 나오는 것이 아니라 현장에서 필연적으로 부딪히게 되는 '판매에 대한 부담'을 해소해 줄 수 있는 실력에서 나오는 것이다. 필자가 영업을 '판매원이 갖는 판매에 대한 부담, 구매자가 갖는 사는 것에 대한 부담을 덜어 주는 것'이라고 정의한 이유가 여기에 있다.

결론적으로 경영자가 협력적 철학을 구축해야만 한다. 기업의 성공은 단일 기업의 역량보다 거래 당사자와의 협력적 리더십에 더 많은 기반을 둔다. 관계의 질과 신뢰가 중요하며, 무엇보다 거래 당사자 간의 역량을 창의적으로 결합할 수 있어야 한다. 그래야 협력적 이익 창출이 가능하다.

신뢰는 성과창출 능력과 관계헌신 역량의 조합으로 만들어지며, 그로 인한 이익은 예상과 기대 이상일 수 있다. 그러므로 기업의 경영자들은 신뢰 형성의 의지를 행동으로 옮기게 하고, 궁극적으로 실행 가능한 역량으로 옮기게 하는 일에 우선적으로 집중해야 한다. 세계적인 유통업체인 월마트Wal Mart는 공급업체와 거래하는데 있어서 거래원칙을 "Tough but Fair공정하지만 터프하게 협상한다"가 모토였었다. 그러나, 내부적으로 이러한 공급업체와의 협상 원칙이 신뢰를 저해할 수 있다는 것을 자각하게 되고는 "Open Door"라는 새로운 협상원칙으로 변경하였다. 오픈 도어는 공급업체가 스스로 공급제품의 성과를 평가하는 방식이다. 를 채택한 것이다. 이는 월마트와 상호 보완적인 역량을 가진 거래 파트너를 찾는 단초가 되었고 이러한 결과로 부터 신뢰는 협력적 혁신성공의 핵심이 됨을 알게 되었던 것이다.

영업모델(Sales model)-3
협상은 영업이 아니다

"협상은 영업이 아닙니다. 영업사원에게 영업력을 높이기 위해 협상교육을 시킨다고 하는데 그렇다고 해서 영업력이 나아지지는 않을 것입니다."

이제까지 영업력을 높이기 위한 연구와 교육이 다각도로 진행되어 왔다. 그 중 하나는 협상에 관한 것이었다. 미국 하버드대 협상연구소의 로저 피셔Roger Fisher와 윌리엄 유리William Ury가 공저한 <<Getting to Yes>>는 협상의 교과서로서 명성을 날리고 있다.

읽고 이해하기엔 분명 쉬운 책이지만, 실제로 실행하기는 쉽지 않다. 아마도 책을 만든 저자 또한 그렇게 느꼈을지 모른다. 그래서였을까? 공저자 중 한 사람인 윌리엄 유리는 <<Getting Past No>>를 후속작으로 내놓기도 했다. 핵심 내용은 '감정과 비즈니스를 분리하는 것'에 관한 것이다. 이 책에서는 Getting to Yes에서 강조해 왔던 Yes를 얻어내기 위해 노력하는 것보다는 No를 피해가는 것이 훨씬 거래에서 쉽고 협상의 성공을 위해 쉽게 접근할 수 있고 더 실리적이라고 강조하고 있다.

불행히도 협상은 영업사원에게 대화의 기술과 조건을 합의하는 것을 가르쳐주었지만 실질적 성과를 만들어내는 영업의 본질은 가르쳐주지는 못했다.

왜 그럴까? 협상은 영업 기술의 핵심이라고 알려져 있는데 정작 영업 현장에서는 어째서 외면을 받았을까?

'이윤 = 매출액 - 매출원가'다. 이 산식은 너무나 기초적이어서 초등학생들도 알 수 있다. 기업은 기업이 가진 모든 자원을 활용하여 매출액을 올리고 그 결과로 이윤을 높이는 활동을 하는 곳이다. 기업이 이윤을 높이기 위해서는 2가지를 선택해야 한다.

하나는 매출액을 더욱 끌어올리는 것이다. 매출액을 높일수록 더 많은 이윤이 만들어진다. 그렇다면 매출액은 어디서 만들어질까? 맞다. 시장에서 거래처와 상대하면서 만들어진다. 시장과 거래처는 영업사원의 활동 공간이다.

다른 하나는 매출원가를 낮추는 것이다. 기업이 서비스나 재화를 생산하기 위해 투입하는 재료의 가격을 낮추거나 판매활동에 들어가는 비용을 줄이는 것이다. 그렇다면, 원가를 더 낮출 수 있을까? 물론이다. 비용을 초과할 만큼 많이 팔면 된다. 많이 팔면 생산설비를 더 가동하게 되고 생산 경험이 축적되어 산출량量의 증가로 원가절감 효과가 생기기 때문에 더 낮은 원가로 생산할 수 있다. 같은 설비에서 같은 제품을 100개 생산하는 것보다 10,000개 생산하는 것이 훨씬 효율적이기 때문이다.

원가절감은 어디서 만들어질까? 맞다. 주로 제품을 만드는 것에서 만들어진다. 이를 생산활동이라 부른다. 원가절감은 공급처로부터 구매 거래하면서도 만들어진다. 원재료를 대량 구매하면 구매가를 낮출 수 있다. 이를 구매활동이라 부른다.

생산과 구매 활동을 전략의 측면에서 보면 생산활동은 성장전략과 연관되어 있다. 성장은 매출액을 높이는 것에서 일어나기 때문이다. 매출액을 높이는 것은 한마디로 '장사를 잘하는 활동'이라고 할 수 있다.

반면에 매출원가를 낮추는 활동은 생존전략이다. 기업은 원가를 절감하는 디테일한 활동을 통해 원가를 관리해왔는데, 곧 '관리를 잘하는 활동'이라고 할 수 있다. 시기에 따라 우선순위가 달라질 수 있지만 기업들은 언제나 2가지 활동을 번갈아 가면서 경영을 해왔다.

평상시에는 성장전략을 기본으로 삼았을 것이다. 기업을 영속하려면 지속가능한 성장을 해야 하기 때문이다. 그러나 경기가 급격하게 나빠지거나 코로나19처럼 예상치 못한 위기에 닥치면 생존전략을 우선하게 된다. 악조건하에서 일단 살아남아야 하기 때문이다. IMF사태 때 기업들이 선택한 활동들이 바로 생존전략이었다.

관점을 돌려서 보면 기업마다 자사 제품을 판매하기 위한 거래 상대가 있다. 앞에서의 산식을 거래 상대의 입장에서 다시 쓰면 '거래처의 이윤= 거래처의 매출액 - 거래처의 매출원가'가 된다. 거래처도 자신의 이윤을 올리기 위해 똑같은 행동을 한다. 매출을 올리거나 원가를 낮춘다. 마찬가지로 성장전략과 생존전략을 구사한다.

거래처가 성장전략을 구사하며 매출액을 늘리기 위해 취하는 행동들이 있다. 고객관리, 현장영업, 영업사원 관리, 영업 정책 수립과 실행 등이다. 어떻게 하면 판매량과 금액을 늘릴 수 있는가를 고민하며 판매 방법을 궁리한다. 그리고 판매를 위한 활동들을 전개한다. 시장이나 고객과 관련한 사항들이다.

거래처는 매출원가를 낮추기 위한 활동도 다양하게 펼친다. 우선적으로 공급받는 물품들을 되도록 싼 가격에 구매하려고 노력한다. 수량과 가격 등 구매 조건 하나하나를 따져서 유리한 조건으로 구입한다. 기업의 입장에서는 판매의 이슈이지만, 거래처의 입장에서는 구매의 이슈이자 원가의 이슈다. 거래처는 얼마만큼 좋은 조건으로 공급받을 수 있는가를 해당 기업과 협의하게 되는데, 이것이 거래 당사자 간에 벌어지는 협상이다.

기업은 거래처를 대상으로 영업활동을 벌인다. 제품 판매를 늘리기 위해 거래처를 대상으로 어떤 행동을 해야 할까를 고민한다. 이때 거래처의 매출을 올리는 활동을 우선해야 할까, 아니면 상호 간 이익이 되는 거래조건 체결을 우선해야 할까?

이 질문에 답을 하기 위해 한 가지 사례를 살펴보자. U사는 건강기능식품을 만들어 판매하는 기업이다. 유통은 방판대리점 중심으로 해왔다. 2019년 한 해 동안 20%가 넘는 성장을 달성하여 업계의 주목을 받기도 했다. 성장의 이유를 분석해보니 판매의 생산성을 높인 것이 14.2%였고, 신규 대리점을 26개 늘린 것이 7.5%의 비중을 차지했다. 매출액이 성장하면서 영업이익도 크게 증가했다.

이 사례가 주는 해답은 무엇일까? 그렇다. 거래처의 이익을 증가시키는 행동의 우선은 매출을 증가시키는 것이다. 거래처의 매출 증대를 지원하고 조언하는 것이 기업의 이익으로 돌아온다는 의미이다.

많은 기업들은 유통 경로인 대리점을 대상으로 다양한 지원 프로그램을 운영한다. 이 프로그램이 거래의 기본 구조를 이루지만, 실행은 월별 '시책' 이라는 이름으로 운영하기도 한다. 거래처의 행동 유도를 위해 만들어지는 시책은 본사가 머리를 짜내면 대리점이 몸처럼 움직일 것이라는 가정에 기반한다.

하지만 거래처인 대리점의 입장에서 보면 어디까지나 매입조건이고 그들의 원가와 관계된다. 이는 거래처 입장에서는 생존전략이다. 본사가 추구하는 성장전략은 매출원가를 낮추고자 하는 거래처의 생존전략과 충돌할 수밖에 없다. 대리점의 입장에서는 본사에 요구하는 것이 많게 된다. 잘못된 영업정책은 거래처인 대리점으로 하여금 양면성을 갖게 만든다. 어떨 때는 "내 사업이니 간섭하지 말라"고 하며 또 어떤 때에는 "왜 본사가 안 해주냐"고 한다. 이러한 현상은 본사와 대리점을 시장 확대의 관점을 갖지 못하게 만든다. 본사와 대리점 간의 이슈에 머물러서 발전을 못하게 만드는 주요 이유가 된다.

협상은 거래조건의 합의를 필요로 하고, 영업은 성장을 위한 공감 형성을 필요로 한다.

협상제안은 조건 협의를 통해 목적한 바를 얻으려는 피상적인 일체감을 만든다면, 영업제안은 공동의 성장을 위한 거래처의 열정과 헌신을 이끌어 낸다. 이것이 영업과 협상의 근본적 차이다.

영업은 '파는 것'이다. 파는 행위를 통해 이루고자 하는 것은 2가지다. 한 개 사려는 고객을 두 개 사도록 만드는 것이고, 안 사려는 고객을 사게 하는 것이다. 애초보다 더 많이 사는 고객이 늘어나면 충성고객 수가 증가했다고 하고, 안 사려던 고객이 사게 되면 절대고객 수가 늘었다고 한다. 기업은 충성고객 수와 절대고객 수를 늘리기 위해서 무엇을 해야 할까? 더 많은 고객을 확보하고 싶다면 '판매원이 갖고 있는 판매에 대한 부담과 고객이 갖고 있는 구매에 대한 부담을 덜어주어야 한다. 이것이 바로 '영업의 정의'이다.

판매하는 사람은 항상 '팔아야지' 하는 부담을 안고 있다. 고객 역시 부담이 있다. '내가 제대로 구매하는 걸까?' 하는 염려와 의심을 갖고 있다. 이럴 때 판매원과 고객이 갖고 있는 부담을 덜어주는 것이 영업이다. 많은 연구자들이 이와 비슷한 주장을 내놓았다. '인사이트 세일insight sale'로 잘 알려진 브랜트 애덤슨Brent Adamson과 니콜라스 토먼Nicholas Toman 등은 <하버드 비즈니스 리뷰>에 게재한 '새로운 시대의 영업The New Sales Imperative'이라는 글을 통해 미래 영업의 해결 방안은 고객으로 하여금 구매하기 쉽게 만들어주는 것Make it easy for your customers to buy'이라고 밝혔다. 컨설팅사인 매킨지McKinsey & Company의 고열Manish Goyal 등도 하버드 비즈니스 리뷰를 통해 소개했던 'Selling into Micromarkets'을 통해 '영업 팀으로 하여금 영업 성과를 쉽게 만들기 위해 도와줄 것Make It Easy for the Sales Team'을 주장했다. 영업은 한마디로 판매하는 사람과 구매하는 사람의 부담을 없애주는 역할이다.

영업의 본질적인 역할은 또 있다. 기업이 성장하려면 거래처 하나하나의 성장이 필수적이다. 거래처 하나하나의 성장 방안을 제시하고 실행에 옮겨 거래처의 고객과 판매량이 늘어날 수 있게 해야 한다. 어떻게 하면 좋을까?

결론적으로 기업의 성장전략은 거래처의 성장을 전제한다. 거래처가 많이 팔도록 도와주는 것이 기업의 영업이다. 영업을 활성화한다는 말의 의미는 거래처의 실질적 성장을 도와준다는 것이다.

영업의 본질은 고객거래처의 성장을 돕는 것이지 조건을 제공하는 것이 아니다. 영업의 목표를 구매조건을 정하는 것에 두어서는 안된다. 고객의 현재 행동을 새롭게 바람직한 행동으로 바꾸는 것에 초점을 맞추어야 한다. 이를 위한 가장 큰 과제는 고객의 현재 생각을 처음부터 다시 생각하게 하는 것이다. 그것은 그들이 무엇을 믿는지를 이해하는 것에서 출발한다.

현대의 영업은 이미 협상의 단계를 뛰어넘었다. 고객의 현실과 감춰진 욕구에 집중하고 있다. 고객보다 고객의 비즈니스를 더 잘 알고, 고객은 모르고 있지만 알아야 하는 것을 가르침으로써 성과를 내고 있다. 무엇보다 새로운 관점을 고객에게 제공함으로써 고객에게 혁신적 아이디어를 자연스럽게 수용하게 하고, 기존의 구매 프로세스를 뛰어넘는 차별화된 접근법을 개발하여 안내해야 한다. 그 결과로 잠재된 수요를 현실화하여 성과를 내는 것이 영업이다. 고객의 비즈니스와 우선순위를 파악하여 명백한 가치를 제공하고 조직 내에서 구매담당자의 위상을 향상시켜줄 추가 요소까지를 제안하는 것이 현대의 영업이다.

영업모델(Sales model)-4
영업의 관점을 가져라

고대 그리스의 철학자 아리스토텔레스Aristoteles, BC 384~BC 322는 수사학修辭學, rhetoric의 대가大家이기도 하다. 수사학은 말言을 갈고 닦는 학문이다. 다른 사람을 설득하고 그에게 영향을 끼치기 위한 언어기법을 연구하는 학문이다. 수사학에서는 남을 설득하기 위해 3가지가 필요하다고 말한다. 로고스Logos, 파토스Pathos, 에토스Ethos다. 로고스는 논리와 이성으로 주장을 실증함으로써 설득을 유도하는 것이다. 파토스는 감정에 어필하는 것으로 누구나 공감할 수 있는 얘기로 설득하는 것을 말한다. 에토스는 말하는 사람의 신뢰성, 진정성을 보여줌으로써 설득하는 것이다. 영업의 언어로 재해석하면 로고스는 자신의 논리이고, 파토스는 상대의 감정이며, 에토스는 모두로부터의 평판이라고 할 수 있다.

로고스에서 말하는 논리, 파토스에서 말하는 공감, 에토스에서 말하는 진정성 3가지를 영업 현장에 적용해보자.

(1) 로고스(Logos) 1: 비즈니스를 성사시키고 싶다면 관계를 부숴라

관계성은 한국 사회에서 빼놓을 수 없는 단어다. 관계의 기반은 '가족성'이다. 공통적인 부분이 중요하다. 만나면 작은 것이라도 공통점을 찾으려 하고, 공통점을 기반으로 '우리는 가족'이 되려고 한다. 상대를 부르는 호칭도 이모, 언니, 오빠, 형님이 주를 이룬다. '우리가 남이가'라는 슬로건으로 대표되는 가족성 탐색의 문화가 서로의 우의를 돈독하게 만들고 사이를 좋게 만들기도 한다. 그러나 이렇게 만들어진 관계가 비즈니스 세계로 들어가면 이상한 현상이 나타난다. 비즈니스를 위해 만났음에도 사업 얘기를 꺼내지 않는다. 어떤 사람은 "훗날을 위해서"라고 말하고, 어떤 사람은 "말 안 해도 알아먹는다"고 이야기한다. "비즈니스 얘기부터 꺼내는 사람은 수가 낮은 사람"이라고 말하기도 한다. 어떻게든 좋은 관계부터 맺고자 하는 것이다. 하지만 그 좋았던 관계도 어느 순간 맛이 간다. '관계는 매일 소멸된다'는 말도 있지 않은가. 그렇다면 좋았던 관계는 언제 맛이 갈까?

첫째는 좋았던 실적이 나빠질 때다. 안 좋은 실적은 순식간에 관계를 불편하게 만든다. 나빠진 실적 하에서는 상호 간에 말이 없어지게 된다. 대화가 끊기면서 서로를 챙기지 못하고, 마주치는 것을 회피하다가 온데간데 없이 관계가 사라진다. 둘째는 첫째와 정반대의 경우다. 실적이 좋아서 성과물을 나눌 때다. 성과물의 배분은 어떤 경우에나 어김없이 문제를 만든다. 어느 쪽에 왜 더 많이 배분하느냐며 공정성, 형평성을 거론한다. 나름의 이유와 근거를 논리적으로 제기한다. 이러한 현상은 회사에서만이 아니라 가족 간에 오히려 더 심하게 나타나기도 한다. 유산을 배분하는 과정에서 큰 다툼으로 번지기까지 한다. 비즈니스 세계에서 가장 중요한 것은 세 번째다. 관계를 생각해서 할 말을 못할 때다. 해야 할 말을 하지 못하고 쌓아두게 되면 결국 좋았던 관계도 회복 불능이 된다. 옳은 소리이지만 듣는 사람이 실망할까 봐, 공들여 만들어놓은 관계가 서먹서먹해질까 봐 두려워 말을 못하다가 곪아 터지는 결과를 초래한다. 말이 없어진 관계는 오해를 만들고, 오해는 다툼으로 이어지고, 다툼은 헤어짐이라는 결과를 만든다.

판매왕으로 불리는 사람들의 핵심적 특징은 '고객에 대한 컨트롤'을 기가 막히게 한다는 점이다. 참으로 부러운 능력이 아닐 수 없다. 효과적인 컨트롤을 위한 의사결정의 방법은 멀리 있지 않다. 원칙을 중시하고 주도적, 종합적, 체계적인 판단을 통해 주체적으로 결정하는 것이다. 그리고 그 결과를 깔끔하게 전달하는 것이다. 성공하는 영업사원은 고객과 적절한 거리를 유지한다. 거리를 유지함으로써 고객이 자기 비즈니스에 대해 다른 관점을 갖도록 조언한다. 그는 고객에게 조언하는 방법을 알고 있다.

반면에 관계 자체를 중시하는 영업사원은 고객과 긴장이 발생하는 자체를 싫어한다. 거래의 본질보다 긴장 그 자체를 해결하기 위해 노력하며 건전한 긴장조차 만들려고 하지 않는다. 이 때문에 고객이 성과를 향하여 다가가도록 도와주지 못한다.

그렇다면 좋은 관계의 조력자란 무엇일까? 좋은 조력자는 첫째, 긍정적인 평가를 말해준다. 둘째, 진실을 전해준다. 셋째, 신뢰감 있게 행동한다. 넷째, 새로운 아이디어를 개발하도록 도와준다. 다섯째, 다른 이해 관계자들과 네트워크를 형성하는 데까지도 도움을 준다. 고객과의 관계는 이러한 조력의 결과로서 따라오는 것이다.

비즈니스를 성공시키고 싶은가? 그렇다면 비즈니스에서 개인적인 감정을 철저히 제거하라. 상호 간 목표를 명확히 하고 그것이 고객에게 도움이 된다는 것을 나이스 하게 설명하라.

(2) 로고스(Logos) 2: 비즈니스를 성사시키고 싶다면 새로운 시각을 제공하라

우수한 영업사원이 되려면 단순한 방문객sales visitor이 되지 말고 믿고 의지할 수 있는 비즈니스 조언자trusted business advisor가 되어야 한다. 고객이 자신의 비즈니스에서 성공하도록 도움으로써 고객과 진정한 비즈니스 파트너로서 역할을 수행해야 한다. 이를 위해서는 영업사원이 고객의 컨설턴트가 되어야 한다. 컨설턴트는 고객의 사업을 위한 건전한 조언자이고 사업에서 제3의 오피니언을 제공해주는 사람이다. 그렇다면 훌륭한 컨설턴트란 무엇일까?

훌륭한 컨설턴트는 '같은 자료나 현상을 보더라도 다른 시각으로 바라보고 그 관점의 가치를 말해주는 사람'이다. 기존 자료나 현상을 새로운 시각으로 바라보고 해석하여 고객에게 다른 관점과 특별한 가치를 제공하는 사람이다. 고객이 기존에 인지하지 못했던 새로운 경영과 현상의 시각을 제공하는 역할을 한다. 다음의 그림은 컨설턴트의 위치와 역할을 정의한 것이다.

	기존 사고	새로운 사고
기존 자료	관료, 공무원, 비경쟁 공기업 직원	컨설턴트
새로운 자료	논문 쓰는 사람(학자)	미래학자

문제를 하나 풀어보자. 2명의 서로 다른 영업사원이 있다. 누가 더 좋은 영업사원일까?

영업사원 A는 고객이 모든 대안을 다 고려할 수 있도록 돕는다. 고객이 이끄는 대로 성실히 따르며, 고객이 요청하는 지원이 무엇이든 나서서 제공해준다. 나아가 고객이 의사결정을 내리는 데 도움이 될 만한 모든 데이터와 사례 등을 마련해준다. 또한 고객에게 대안을 제시하고 고객의 의견을 청취한다. 그는 고객의 요구가 바뀌면 그에 맞춰 대안을 바꾸고자 노력한다.

영업사원 B는 A와 다르다. 그는 고객과 생각이 다른 경우가 많다. 다만 자신의 다른 생각을 구체적인 논리에 입각하여 전달하고, 고객을 위한 추천 사항을 분명히 제시하며, 고객에게 해줄 수 있는 사항을 간결하고 차분하게 그리고 끈질기게 설명한다. 때로는 제품이나 서비스의 복잡한 측면을 알기 쉽게 설명하려고 노력한다. 나아가 고객의 의사결정 과정 전반에서 고객을 이끌어주기도 한다.

누가 더 좋은 영업사원이라고 생각하는가? A가 고객을 도와 맞춤화된 해결책을 제시하는 것은 지속적으로 높은 가치를 창출함에 틀림이 없다. 고객은 문제 해결을 돕거나 고객의 주문 처리에 성실히 임하는 영업사원에게 더 많은 돈을 지불할 의사가 있기 때문이다. A는 좋은 영업사원임에 틀림없다. 하지만 훌륭한 영업사원은 아니다. 고객의 요구와 취향에 철저히 맞추기는 하나 2%가 부족해 보인다. 반면에 B는 적극적인 면이 조금 지나쳐 보이기는 하나 왠지 믿음직해 보인다. 우리는 여기서 냉철한 판단을 해볼 필요가 있다.

영업사원 A의 방식은 고객 입장에서 구매의 용이성을 18% 감소시켰다. 반면에 B의 방식은 계약을 성사시킬 가능성을 62% 높인 것으로 나타났다. 결과가 말해주는 교훈은 자명하다. '고객은 자신의 요구사항을 성실히 따라주는 영업사원에게서 가치를 느끼지 못한다. 반면에 새로운 시각을 제시하는 영업사원에게 보다 큰 가치를 부여한다.'

영업사원이 주는 관점의 가치를 극명하게 대변하는 말이 있다. "내가 만약 구멍에 떨어지면 보통 50명 정도의 영업사원이 나에게 사다리를 팔려고 할 것이다. 하지만 나에게 '멈춰요. 당신은 곧 구멍에 떨어질 거예요!'라고 말하는 사람은 한 명뿐일 것이다." 선도적, 처방적인 영업을 강조해 온 네일 락햄Neil Rackham의 말이다. 그는 고객은 사업의 전반적인 정황과 경쟁에 대한 정보를 얻는 것을 좋아한다고 해서 정보만을 제공하거나, 고객의 문제를 해결하고 맞춤화된 해결책을 주는 것으로도 지속적으로 높은 가치를 창출 할 수는 있지만 보다 경쟁사와 차별화된 영업을 위해서는 보다 선도적인 영업을 해야 한다고 하였다.

그렇다. 훌륭한 영업사원은 고객에게 미래의 문제를 예측해서 시사점과 관점을 주는 사람이다. 나아가 고객의 전략적 방향까지 변화를 줄 수 있다면 아주 탁월한 영업사원이다. 의사결정 과정 전반에서 고객을 선도적으로 이끌어주는 영업사원이야말로 고객에게 최고의 영업사원이다.

(3) 파토스(Pathos) : 공감하는 것이 진정한 영업의 길?

영업사원은 대부분의 시간을 외부에서 보낸다. 무형의 마케팅 전략을 현장에서 유형의 성과로 연결시킨다. 따라서 영업사원에 대한 효과적인 관리는 경영자의 주요 관심사가 아닐 수 없다. 생산 현장은 기계라인, 설비 같은 부동의 대상물을 상대한다. 따라서 정해진 규칙에 의해서 지속적으로 개선해나가면 품질이나 격차의 개선을 눈에 보이는 형대로 파악할 수 있다. 반면에 영업 현장은 사람으로 이루어진 조직이고 많은 고객과 직접적으로 관계하는 조직이다. 현장에서 이루어지는 의사결정은 변수도 많고 사람에 전적으로 의존한다. 상대에 따른 각각의 개별성이 성과에 직접적인 영향력을 미치기 십상이다. 원칙을 정해놓았더라도 실행하는 과정에서 무엇을 '정해진 것'이라 규정하기 어려운 곳이 영업 현장이어서 수많은 예외를 발생시킨다.

최근에 영업에 대한 연구가 급격히 늘어나면서 주목할 만한 결과가 속속 나오고 있다. 그중 경영자들의 주목을 받는 주제가 있다. '어떤 직원을 영업사원으로 선발하고 이들에게 어떤 교육을 해야 하는가?' 이와 관련하여 '무엇이 좋은 영업사원을 만드는가What Makes a Good Salesman'라는 글은 영업사원의 선발과 훈련을 고민하는 경영자들에게 유익한 시사점을 제공한다.

마케팅 조사 전문가인 데이빗 메이어와 인사 전문가인 그렌버그는David Mayer and Herbert M. Greenberg "위대한 영업사원은 드물다. 그리고 얻기는 더욱 어렵다"며 그에 대한 분석을 시도했다.

두 전문가는 보험회사의 영업사원들이 일을 시작한 후 얼마 안 되어 포기하는 숫자가 많은 이유에 주목하여 조사를 시작했다. 미국이나 한국에서 보험 영업사원들의 탈락률이 높은 것은 공통적이다. 전 세계적으로도 인적 판매를 하는 기업들은 같은 고민을 안고 있을 것이다. 그들의 조사에 따르면 1년 안에 50% 이상의 영업사원이 이직하는 것으로 나타났으며, 80% 이상이 3년 안에 탈락했다는 것으로 조사되었다. 높은 탈락률은 많은 비용으로 연결되었다. 영업사원들에게 지불된 임금, 커미션, 영업 비용이 효과 없이 소모되어버린 것이다. 영업사원을 모집하고 훈련하는 데 투입된 시간과 에너지도 마찬가지였다. 게다가 부진한 영업활동으로 저하된 회사의 명성, 조직에 미치는 사기 저하, 거래처의 이탈 등으로 발생한 비용처럼 보이지 않는 부분에서 더 큰 출혈이 발생했다.

영업사원의 선발과 배치는 효율적인 자원 관리 측면에서 매우 중요한 사항이다. 한 회사가 직원들을 상대로 판매 성적 부진, 직원 간 불화, 해고 등에 대해 면밀한 조사를 실시했는데, 그 결과 1/3 정도의 직원이 자신과 적합하지 못한 부서에서 일하고 있다는 사실이 밝혀졌다. 뛰어난 판매 역량을 보유하고 있는 사원이 회계부서나 생산라인 등에서 관리 업무를 보고 있는 경우가 발견된 것이다. 역으로 관리 역량이 뛰어난 사원이 영업 현장에서 일하며 저조한 실적을 보이는 경우도 있었다. 이 같은 역량과 부서 배치의 미스매치가 곳곳에서 발견되었다. 그렇다면 어떤 사람을 영업직에 투입해야 할까?

데이빗 메이어와 그렌버그는 훌륭한 세일즈맨이 공통적으로 가져야 할 2가지 필수 요건을 밝혀냈다. 하나는 공감empathy이고, 다른 하나는 자기확신ego drive이다. 공감 능력은 영업사원들이 제품이나 서비스를 효과적으로

팔 수 있게 하는 가장 핵심적 능력이다. 공감은 흔히 정확하게 목표를 조준하는 라이플rifle이 아니라 목표에서 발생하는 열을 감지하고 따라가서 격추시키는 열추적 미사일에 비유되기도 한다. 고객의 움직임에 예민하게 반응하는 민감도가 영업에 절대적으로 중요하다는 것이다. 조직에서 자신의 위상, 다른 사람의 포지션 변화에 관심을 두는 것도 민감도이고, 상대의 의도, 표현 이면에 감춰진 생각을 알아내려 부단히 노력하는 것도 민감도의 산물이다. 영업에서 채널을 본사의 의도대로 움직이게 만드는 시책이나 인센티브제도 등 사람의 행동 변화를 유도하는 방법에 대한 구상도 민감도를 기반으로 만들어진다. 가장 중요한 것은 고객에 대한 민감도다. 고객의 상황을 파악하여 고객에게 맞게 가치를 설명하고, 주고받는 대화에서 고객의 변화를 살피는 촉으로 대화를 끌어가는 세밀함이 바로 민감도다.

자기확신은 꼭 판매하고야 말겠다는 정신무장을 하고 판매가 이루어지도록 만들어감으로써 자기만족을 얻으려는 성향이다. 일종의 열정과도 같은 것으로 잘 표현되어야 한다. 고객을 위한 성실함과 진정한 노력은 고객을 감동시키지만, 판매를 위한 고집과 저돌적인 성향은 고객을 떠나게 할 수 있다.

무릇 영업사원은 공감을 통해 고객으로부터 강한 피드백을 얻는 능력이 없으면 판매할 수 없다. 또한 실패를 딛고 발전하고자 하는 강한 자기확신 능력을 가져야 효과적으로 영업 목표에 접근하고 판매를 성공시킬 수 있다. 따라서 우수한 영업사원을 만들기 위해서는 이 2가지 특성을 잘 살펴서 채용해야 하며, 육성 또한 이 2가지 요소를 갖출 수 있는 교육시스템을 설계해야 한다.

영업의 성공에는 경험도 필요하지만 공감 능력과 자기확신 능력보다는 덜 중요하다. 따라서 채용과 훈련 과정이 한 사람의 전체를 이해하는 차원에서 설계되어야 한다.

다음의 표는 공감Empathy과 자가확신Ego Drive 능력을 매트릭스로 정리한 것이다.

	Empathy 낮음	Empathy 높음
Ego Drive 높음	판매를 위해 본인만의 방법을 고집하는 경향이 있다. 고객에게 지극히 상업적인 면만 노출시킬 우려가 있다.	영업부서의 톱(top)이 될 것이다. 새로운 시각을 갖도록 훈련할 필요가 있다.
Ego Drive 낮음	더 이상 영업을 시키지 말 것.	'참 좋은(nice guy)' 사람으로 고객과 잘 어울린다. 그러나 판매를 위해 고객을 자기 편으로 끌어들이지 못한다.

'과유불급過猶不及'이라는 말이 있다. '너무 과하면 모자람만 못하다'라는 의미다. 공감도 그렇다. 특히 영업에서 공감은 다른 차원이어야 한다. '현명한 공감'이 되어야 한다.

공감은 '상대의 관점'을 바탕으로 한다. 그러나 과대평가는 금물이다. 영업 현장에서의 공감은 타인의 느낌으로 어림짐작해서 '저 사람은 이런 사람이고 어떠한 사람이야'라고 예단하지 않는 것이 중요하다. 차분하게 대화를 이끌어감으로써 공감의 강도를 높이는 것이 필요하다.

사람은 분당 약 200단어로 이야기하지만, 사람의 정보처리능력은 분당 300~500단어를 처리할 수 있다고 한다. 그 결과, 사람들은 들으면서 바로 말할 것을 기다리고 미리 정보를 준비하게 된다. 너무나 말하고 싶은 나머지 끝까지 듣지 않고 예단해서 말을 하게 된다.

어설픈 예단으로 상대를 바라봄으로써 낭패를 보는 사례를 쉽게 목격할 수 있다. 그들은 한결같이 남의 마음을 읽을 줄 안다는 착각에 빠진 사람들이다. 관심법觀心法을 할 줄 안다며 상대를 속속들이 파악할 수 있다고 자신한다. 노스웨스턴 대 Kellog 경영대 교수인 애덤 웨이츠Adam waytz는 과도한 공감이 사람을 지치게 할 수 있다고 말했다. 때로는 조직 내 과도한 공감이 패거리문화의 출발점이 되기도 하고 비윤리적인 행태를 낳는다는 것이다. 사회적 자본Social Capital을 연구해온 포르테스Portes같은 학자는 이를 사회적 부채Social Debt라는 표현까지 하였다. 공감능력은 영업사원에게 있어서 필수적인 요소다. 그러나 과도함 없이 현명하게 공감하려는 노력 또한 필수적이다. 적극적으로 경청하면 영업사원이 옳고 그름을 들을 수 있는 자격이 생긴다. 이에 따라 공감훈련을 계획한다는 것은 영업사원들의 이해력을 개발하여야 하는 것을 뜻한다. 그들이 영업을 하는 과정에서 "입을 다물 수 있는 좋은 기회를 절대로 놓치지 말라"는 지혜를 실행해야 한다.

자기확신이 너무나 강한 사람은 오만함에서 시작이 된다. 사람이 오만해 지기 시작할 때에 나타나는 대표적인 현상에는 세 가지가 있다. 첫 째는 "관심법觀心法"이고 둘째는 자신이 "미래를 읽을 줄 안다는 것"이다. 셋 째는 본인은 스스로 고정관념에 사로 잡혀있지 않다는 것이다. 그런 부류의 사람들은 나서서 말하길 좋아한다. 자신의 생각 또한 일반 사람이 생각하는 바를 넘어서고 있음을 알리고 싶어한다.

본인이 사람을 만나면 거의 완벽하게 설득할 수 있다고 굳게 믿고 있다. 본인이 사람의 마음을 꿰뚫고 있다는 신념 때문이다. 자신이 아무것도 내세울 것이 없는 경우에는 오로지 "믿으라는 것"을 강요한다. 넘버 쓰리라는 영화에서 송강호라는 배우의 대사가 생각나지 않을 수 없었다. "내가 현정화라고 하면 현정화야!!!"라는 장면 말이다. 그런 부류는 고객들에게 계속 호소하고 있다. "믿고 구입해 주시면 알아서 하겠다"라고 목이 터져라 외친다. 가장 몸서리치게 두려운 시나리오는 "고객의 만족을 책임지겠습니다."라고 외쳤지만 고객입장에서 "그 사람을 만나는 것 자체가 부담일지도 모르는" 상황에 다다르는 것이다.

(4) 에토스(Ethos) 1: 열정과 헌신

"회사의 설립자는 반드시 회사의 첫 번째 영업사원이 되어야 한다." 기업가적 판매Entrepreneur Selling를 주장해 온 시카고 경영대의 웨이블리 Waverly Deutsch 교수의 주장이다.

기업가들만큼 열정과 헌신을 가지고 소통할 수 있는 사람은 없을 것이다. 그들은 시장이 요구하는 것과 소비자들이 정말로 가치 있다고 여기는 제품을 만들어야 한다는 강박에 사로잡혀 있는 사람들이다. 영업사원 모두를 기업가처럼 만들 수 있다면 더할 나위 없이 좋을 것이다.

J씨는 '개똥 치우기'라는 제품을 만들어 판매를 시작했다. 개똥 치우기는 강아지의 배변을 쉽게 치울 수 있도록 특별히 디자인된 플라스틱 봉투 제품이다. 애완견을 키우는 사람들이 번거롭게 배변을 치우고 닦고 하는 불

편함 없이 쉽게 처리하게끔 구조화되어 있었다. 제품을 팔기 위해 J씨는 영업 경험이 많은 5명의 사원을 채용했다. 그들에게 급여와 수당을 주고 휴대폰과 노트북도 제공해주었다. 6개월 후 성과가 나왔는데 누적금액으로 5억 원의 매출을 달성했다. 1인당 1억 원어치를 판매한 것이다. 그러나 J씨는 곧 그들과 헤어졌다. 누군가가 J씨에게 영업사원을 통하지 말고 직접 팔아보면 어떻겠느냐고 조언했기 때문이다. 그는 판매를 많이 해보지 않았지만 개똥 치우기를 개발했고 제품화한 주인공이었다. 직접 판매하기로 결심한 그는 불과 3개월 만에 800개의 소매점과 200개의 대형 마트에 입점하게 되었다. 기대 이상의 성공이었다.

어떤 일이 벌어진 것일까? 능숙한 영업사원들보다 판매에 미숙한 창업자가 더 많은 판매를 달성할 수 있었던 요인은 무엇이었을까? 해답은 '열정과 헌신'이었다. J씨는 제품과 자신에 대한 강력한 믿음이 있었다. 더 중요한 점은 기존의 영업사원들과 달리 제품에 대한 부정적인 시각이 없었다는 것이다. 그는 자신이 만든 제품과 서비스에 대한 열정과 지식을 가장 설득력 있게 전할 수 있는 최선의 영업사원이었다.

인사HR는 적재적소라고 한다. 적재적소를 제대로 하려면 어떻게 해야 할까? 그렇다. 장점을 보는 것이다. 단점을 보게 되면 '같이 일할 수 없는 이유'만 늘어나게 된다. 영업도 마찬가지다. 제품과 서비스의 장점을 보면 어디에서 어떻게 팔아야 할지를 알고 노력하게 되지만, 단점을 보면 소극적인 태도로 변명만 궁리하게 된다.

장점에 대한 열정은 고객의 질문에 대응하는 방법과 태도에서 더욱 빛을 발한다. J씨의 영업사원들은 어떤 고객이 개똥 치우기에 대해 문의할 때 자신 있게 응대하는 것을 불편해했고 판매를 위한 준비를 충분히 하지 않았다. 고객의 질문은 예측하기 힘들다. 신제품의 경우에는 더욱 많은 질문이 나온다. 즉각적인 피드백은 필수이고, 고객들의 조언과 현장에서의 작은 문제에까지 심혈을 기울여야 한다. 판매 과정에서 발견되는 현상들은 본사나 실험실에서는 절대 나오지 않는다. 더군다나 제품 출시 초기에는 고객과의 접점에서 나타나는 문제와 기회들을 바탕으로 고객 서비스를 최우선으로 삼아야 한다. 현장에서 즉각적인 판단과 응대가 성패를 좌우하기 때문이다. 디테일에 더 많은 신경을 써야 할뿐더러 우직한 면도 요구된다. J씨와 영업사원들은 판매에 대한 열정과 헌신 면에서 결정적인 차이가 있었다.

훌륭한 영업사원을 얻고 싶은가? 그렇다면 열정과 헌신을 중심으로 보고 선발하라. 영업사원을 선발하고 그들에게 창업을 한 듯이 영업의 제도를 마련하라.

(5) 에토스(Ethos) 2: 진정성

끊임없이 노력하고 있음에도 불구하고 고객만족도가 향상되지 않는다며 어려움을 호소하는 기업들이 많다. 서비스와 영업 개선을 위해 많은 노력과 투자를 기울여도 고객들의 만족감은 과거와 비슷하거나 오히려 감소하는 현상을 일컬어 '서비스 패러독스service paradox'라고 한다. 나날이 변화해온 서비스가 오히려 감동을 떨어뜨리는 결과를 가져온 것이다.

영업도 점점 힘들어지고 있다. "비슷하면 어필하기 힘들어진다", "노력하는데 감동은 떨어지더라"라는 말이 영업 현장 곳곳에서 들린다. 왜 이런 현상이 생겼을까?

기업이 효율성 제고와 비용절감을 외치며 서비스의 인간적인 부분을 기계로 대체하면서 문제가 발생하기 시작했다. 이를 '서비스 산업화Service Industrialization'라고 한다. 서비스 산업화가 단기적으로는 고객에게 정확한 서비스 및 소요시간 단축 등을 제공하고, 기업에는 비용절감 등을 통한 수익성 개선을 가져왔음에 틀림없다. 하지만 고객만족의 가장 중요한 요소인 '인간적인 부분이 결여'되어 있다. 직원들의 사기는 저하되고, 고객들은 고객들대로 불편함과 부담을 느끼게 되었다. 고객이 정작 원하는 것은 요구의 본질을 이해하고 감성적으로 공감하면서 실질적으로 문제를 해결해줄 수 있는 전문성을 갖춘 인간적 서비스인데도 말이다.

영업 현장 역시 이러한 서비스 산업화의 한가운데 서있다. 영업이 산업화로 대체되어야 한다고 말하지만, 영업은 고객과 감성적으로 공감하는 첨병이다. 고객과 공감하며 실질적으로 문제를 해결해줄 수 있어야 한다.

'What got you here, won't get you there여기까지 오게 한 것이지만 저기까지는 가지 못하는 것'이라는 말이 있다. 과거에는 성공적이었지만 미래로는 나아가지는 못하게 하는 것을 말한다. 경영전략을 연구하는 학자들은 '과거의 성공전략, 미래의 실패전략'이라고 즐겨 사용하는 말이다. 리더십 연구자들은 리더가 된 사람에게 '개인적 성공으로부터 다른 사람을 통한 성공으로 바꾸라'라고 조언한다.

공감을 넘어 감동을 낳기 위해서는 진정성이 요구된다. 영업은 상대적인 행위라서 영업사원이 진정성으로 상대를 대하면 충분히 감동시킬 수 있다. 그러나 공감과 마찬가지로 진정성을 말하기는 쉽지만 실천하기란 결코 쉽지 않다.

런던비즈니스스쿨에서 조직행동론을 연구하는 이바라Hermania Ibarra 교수는 진정성에 대해 일반적인 정의를 뛰어넘으라고 말한다. 진정성의 일반적 정의인 '스스로에게 솔직한 것'이나 '신의성실함'에서 벗어나라고 주장한다. 새로운 시대의 진정성은 '스스로의 가치에 솔직해지는 것'이다. 진정성authenticity이라는 단어는 본래 그리스어 authenteos인정에서 유래한 것으로, '본인 스스로의 손으로 무엇을 하여 만들어내는 것'이라는 뜻이다. 여기에서 한발 더 나아가 제안하는 사람이 되는 것, 스스로의 권위를 위해 연기하는 것으로, 이를 통해 궁극적으로 자기주도적 행동을 하는 것이 진정성이라는 것이다. 영업사원의 가치는 고객접점에서 고객에게 감동을 주는 것에서 시작한다. 공감을 기반으로 새로운 진정성으로 무장하여 고객을 대하는 데서 영업이 시작되는 것이다. 진정성에 관한 한 이 책의 여러 부분에 걸쳐서 논의될 것이다.

필자와 영업 연구팀에서는 오랫동안 성공하는 영업사원들의 행동 특성에 대한 연구를 해왔다. 연구를 통해 정리한 8가지 행동 특성은 다음과 같다.

첫째, '직접 만나는 것'이다. 전화 몇 통이나 이메일 몇 번으로 새로운 거래 상대를 만드는 것이 가능하다 하더라도 직접 얼굴을 맞대는 편이 성공률을 높여준다. 성공하는 영업사원은 간편한 방법에 의존하지 않고 발로 뛰어 직접 만난다. 중요한 거래일수록 더 그렇다. 영업을 해본 사람들은 누구나 알고 있는 사항이지만 새삼 곱씹어 봐야 할 부분이다.

둘째, '아는 것'이다. 보병장교의 어깨 마크에는 '나를 따르라' 같은 슬로건이 붙어 있다. 리더가 솔선수범해서 돌격해야만 리더십이 발휘된다는 의미일 것이다. 그렇다면 포병장교의 어깨 마크에는 어떤 슬로건이 붙어 있을까? '알아야 한다'이다. 포를 다룬다는 일은 정밀함을 요구한다. 빠짐없이 알고 능숙하게 움직여야 전투를 승리로 이끌 수 있다. 모르는 부분이 있거나 실수한다면 패배로 직결된다. 영업의 성패 역시 다양한 거래처의 직원들에 대한 지식에 좌우된다. 거래를 성사시키고 싶은가? 그렇다면 고객이 갖고 있는 바늘 하나까지도 파악하고 숙지하고 있어야 한다.

셋째, '단순화하는 것simplify'이다. 메시지를 간결하고도 기억하기 쉽게 전달해야 한다. 거래처의 경영진은 영업사원과의 미팅에 소요할 수 있는 시간이 많지 않다. 상황 인식이나 지식이 체계적으로 정리되어 있지 않으면 경영진 앞에서 중언부언하기 마련이다. 머릿속에 전달할 사항이 잘 정리되어 있어야 힘 있고 간결하게 설명할 수 있다.

넷째, '겸손한 자세'다. 판매를 성사시키기 위해 임의로 절차를 생략하거나 사람을 건너뛰는 일이 생기지 않게 주의해야 한다. 상급 직원을 만났다고 해서 하급 직원과의 접촉을 소홀히 해서는 안 된다. 항상 세심하고 겸손한 자세를 유지해야 한다. '교만은 패망의 선봉이다', '자만은 멸망의 전 단계다'라는 말이 있다. 휴브리스hubris를 경계해야 한다. '남에게 굴욕을 주면서 느끼는 만족감'이라는 뜻의 휴브리스는 영업사원들이 특히 마음속에 담아 두어야 할 단어다.

다섯째, '보고체계reporting system 파악'이다. 누구에게 보고하는가, 보고하는 사람은 누구인가를 아는 것이 중요하다. 현재 접촉하는 사람과 아직 만나지 못한 사람들을 포함하여 상대 조직의 구조도를 만들어보는 것이 도움이 된다. 거래 상대의 의사결정자나 결정에 관여하는 사람을 아는 것과 모르는 것의 차이는 크다. 당위성만 가지고 고객을 상대하면 영업을 그르치기 쉽다. 거래처 내부의 정보 유통 체계를 잘 아는 것이 성공적인 거래를 가능하게 한다.

여섯째, '핵심 의사결정 요소Key Decision Factors의 확인'이다. 거래처의 의사결정을 좌우하는 요인이 무엇인가를 꿰뚫고 있어야 한다. 조직의 니즈가 무엇인가, 회사 이미지의 개선인가, 특정 영역에서의 성과인가, 재정상의 지표인가 등을 파악해야 한다. 때로는 핵심 의사결정 요소가 의외인 경우도 있다. 전체를 꼼꼼히 살펴보는 것이 성공적인 영업에 필수적이다.

일곱째, '집중focusing'이다. 다음의 영업 성과에 마음이 쏠려서 현재의 잠재 구매자를 소홀히 하며 새로운 가망고객에게 에너지를 쏟는 영업사원들이 있다. 집중하지 못하는 것이다. 실패로 가는 길이다. 이와 달리 성공하는 영업사원은 지금 진행 중인 거래에 최선을 다한다.

여덟째, '차별적 성공적 영업 = 지속적 행동'이다. 판매 후에 어떻게 하는가가 판매 이전보다 훨씬 중요하다. 파트너를 관리하는 영업에서는 더욱 중요하다. 기존의 거래를 지키는 영업이 신규 거래를 개척하는 영업보다 훨씬 수월하고 더 많은 이익을 가져다준다. 실제로 영업사원이 기대하는 수준은 판매이전에 높아졌다가 판매이후에 급격히 낮아지는 경향이 있다. 판매를 완료했기 때문에 이제는 다른 고객을 찾아야 하기 때문이다. 반면에 고객은 판매고객 입장에서는 구매 이후에 기대 수준이 높아진다. 고객의 입장에서는 구매하고 난 다음에 제품에 대한 기대와 후속 서비스에 대한 기대가 높아지기 때문이다. 여기서 생기는 영업사원과 고객의 기대 수준 차이를 '관계의 기대 격차릴레이션십 갭relationship gap'라고 한다. 영업사원의 입장에서는 판매 이후에 고객을 더 잘 관리해야 함을 시사한다.

'가치 = 지불비용 - 이익'이라는 산식이 있다. 가치를 높이려면 지불비용을 낮추거나 구매로 인한 이익을 극대화해야 한다. 지불비용은 구매할 때 발생하고, 이익은 구매 후에 알게 된다. 고객은 구입 후에 이익을 평가하기 때문이다. 답은 명확하다. 구매 후에 하는 것이 진정한 고객관리다. 장사치와 사업가의 차이는 분명하다. 장사치는 판매에만 신경을 쓰지만, 사업가는 지속적인 거래에 초점을 맞춘다.

'경제적 가치 = 구매비용 + 실사용 비용'이라는 산식도 있다. 여기서 실사용 비용은 구매 후에 발생하는 것이다. 고객관리를 잘한다는 의미는 판매 후에 고객과 어떤 관계를 맺고 관리해나가는가에 달려 있다. 진정성의 힘이 여기서 발휘된다. 진정성은 일관적일 때 빛이 난다. 그것은 곧 관계의 갭relationship gap을 없앤다는 뜻이다.

영업모델(Sales model)-5
설명력 모델

영업의 목표는 '판매하는 것'이다. 1개 사던 사람을 2개 사게 만드는 것이고, 안 사던 사람을 사게 만드는 것이다. 다시 말하면 충성고객과 절대고객의 수를 늘리는 것이다. 무엇이 필요할까?

영업사원은 누구나 팔아야 한다는 부담을 안고 있다. 고객에게도 부담이 있다. '내가 과연 제대로 구매를 하는 걸까?'라는 생각이 들기 때문이다. 영업은 이러한 부담을 해소해주는 것이다. 판매하는 사람의 부담과 고객의 부담을 줄여주는 것이 영업이다. 어떻게 하면 좋을까?

영업사원은 고객과의 접점에서 고객이 흔쾌히 살 수 있도록 온갖 설명을 동원한다. 마음속으로는 고객이 OK할 때까지 복잡한 생각을 하게 된다. 사람들은 일반적으로 '영업이란 사람들이 원하지도, 필요치도, 감당하지도 못하는 물건을 사도록 압박하는 것'이라고 생각하며 거리를 둔다. 어떻게 하면 이런 부정적 사고방식에서 벗어나게 할 수 있을까를 궁리하는 영업사원은 생각이 많을 수밖에 없고 긴장하게 된다. 방법은 다른 데 있지 않다. 브랜트 애덤슨 등은 "새로운 시대에는 구매가 너무 복잡하고 어려워졌으니 고객으로 하여금 보다 쉽게 구매할 수 있도록 도와주어야 한다"고 지적했다. 구체적인 논리에 입각해서 명확한 추천사항을 제시하고 자신의 역량을 간결하고 안정되게 설명해줄 수 있어야 한다. 이러한 능력을 영업 현장에서 제대로 발휘한다면 판매와 동시에 구매의 용이성을 획기적으로 향상시킬 수 있다.

그렇다면 설명력이란 무엇일까? 사전적 정의는 '어떤 일이나 대상의 내용을 상대편이 잘 알 수 있도록 쉽게 밝혀 말하는 능력'이다. 여기서 우리가 주목해야 할 포인트가 있다. 하나는 '상대편'이고, 다른 하나는 '쉽게 밝혀 말하는 능력'이다. 현장 경험이 많은 영업사원이라면 '어떻게 하면 제품을 고객에게 설득력 있게 설명할 수 있을까?'를 고민해보았을 것이다. 안다는 것과 설명한다는 것이 전혀 다르기 때문이다. 잘 안다고 해서 상대의 눈높이에 맞게 설명하는 능력이 저절로 생기는 것이 아니다.

미국의 경제지 <사이더>가 소개한 구글의 2015년 입사 인터뷰 시험문제가 있다.

'8살짜리 조카에게 데이터베이스DB가 무엇인지 3줄의 문장으로 설명하시오.'

어떻게 설명하겠는가? 간단히 설명할 수 있는가? 아마도 쉽지 않을 것이다. 판매에 대한 부담을 덜어내고 싶다면 상대편고객의 입장에서 쉽게 밝혀 말할 수 있는 좋은 설명력부터 갖춰야 한다.

설명력을 향상시키고 싶은가? 그렇다면 다음의 권고를 기억해두면 좋을 것이다.

"이젠 골프를 같이 치고 돈독한 관계를 유지하는 것만으로는 고객의 충성심을 보장받을 수 없게 되었습니다."

"오늘날의 세일즈 직원은 그 어느 때보다 많은 비즈니스를 수행해야 하고 업계 지식도 많이 알아야 합니다. 이뿐만 아니라 자신이 알고 있는 것을 명확히 표현하고 그것을 고객의 상황에 맞출 줄도 알아야 합니다."

"그들은 경쟁사뿐만 아니라 힘들게 번 돈을 무식하게 지키려고만 하는 소비자들과도 용감하게 매일 싸웁니다. 그들은 소비자 선호도와 경쟁사 사업 방향에 대한 주요 정보를 가지고 있습니다. 영업사원이야말로 시장 전문가이자, 전략가이며, 회계 담당자이자 디자이너임을 잊지 마십시오." 어떤 저널에 실렸던 글이다.

고객에게 영업사원의 진정성과 제품 또는 서비스의 가치를 제대로 전달하려면 기본적으로 영업사원 자신이 전문지식뿐 아니라 다양한 지식을 갖고 있어야 한다. 여기서 말하는 지식은 제품에 대한 지식, 종합적 경영 지식, 고객에 관한 사전 지식이다. 이를 공식으로 표현하면 다음과 같다.

<공식 1> 영업사원으로서 필요한 지식 = 제품지식 + 종합적 경영지식 + 고객에 대한 사전지식

이 3가지 지식을 갖춘 영업사원이 다시 한번 곱씹어 보면 좋을 내용이 있다.

"소비자는 우리가 무언가를 보여주기 전에는 자신이 무엇을 원하는지 전혀 알지 못한다."

"구매자에게 다가가라. 그들이 깨닫기 전에 그들에게 무엇이 필요한지를 말해줘라." 스티브 잡스의 말이다.

영업사원은 고객의 비즈니스와 우선순위를 우선적으로 파악하여 고객에게 구체적으로 말해줄 수 있어야 한다. 이를 통해 고객이 자신의 구매행동에 정당화 요인을 갖게 해줘야 한다. 기업 고객에게도, 개인 고객에게도 이는 똑같이 적용될 수 있다. 켈로그 경영대학원의 제임스와 앤더슨 교수 등은 이에 대해 "명백하고 설명 가능한 가치를 제공함으로써 조직 내에서 구매 담당자의 위상을 향상시켜줄 추가 요소를 발굴해주는 것"이라고 말했다. 조직의 구매 담당자에게 구체적specific으로 중요한painful 문제들을 적절히 부각시켜주고, 구매 담당자들이 이를 설득력 있게 말할 수 있도록 해야 한다면서, 특히 조직에서 명백히, 시급하다고 느끼도록 만들어줌으로써 거래의 성공 확률을 높여준다고 강조했다.

선더버드 대학교의 리처드 에텐슨Richard Ettenson 교수 등은 마케팅에서 말해오던 전통적인 4P를 영업의 관점에서 재편성해야 한다고 주장했다. HBR에 발표되었던 "Rethinking the 4 P's"에서는 이제 4P's 대신 S.A.V.E.에 집중하라는 것이다. 내용을 소개하면 다음과 같다.

① Product 대신에 Solution제품 대신 해결책: 기능, 특장점, 기술적 우위를 단순히 설명하는 대신에 고객의 핵심적 욕구그 욕구를 고객이 알고 있거나 모르고 있거나 관계없이에 기반을 두어 풀어갈 것

② Place 대신에 Access채널 대신 고객접촉: 개별적 구매나 채널이 아닌 고객 관점에서의 통합된 교차채널Cross-Channel을 개발하고 활용할 것

③ Price 대신에 Value가격 대신 가치: 생산비용cost, 이익, 상대적 가격을 내세우기보다 명확한 혜택benefit을 보여주며 설명할 것

④ Promotion대신에 Education판촉 대신 교육: 광고, 홍보PR, 개별판매Personal Selling보다 구매 사이클 각 단계의 포인트에 적합한 전문화된 정보를 제공하면서 풀어갈 것

구매하는 고객 당사자가 주변에 자신의 구매 결정이 올바른 것이었음을 알릴 수 있게 하고, 더 나아가 제품이나 서비스를 주변에 권유할 수 있게 해야 한다는 것이다. 그러기 위해서는 설명이 간단명료해야 한다. 길고 어려운 설명은 전달력을 갖지 못한다. 간단명료함이 설명력의 핵심이다. 간단명료는 간결함과 명료함의 합이다. 간결함이 재치고객 대응 상황에서의의 산물이라면, 명료함은 지혜포괄적 지식의 산물이다. 다른 사람을 설득하려면 자신의 지식과 생각을 눈과 귀에 박히는 몇 개의 문구로 줄일 수 있어야 한다. 설득은 예술과 과학의 혼합이다. 신뢰를 쌓는다는 점에서 예술이고, 고객에 대한 정보 수집과 분석, 고객의 행동에 대한 확고한 이해, 쉽게 밝혀 전달하는 의사소통 능력을 바탕으로 한다는 점에서 과학이다.

영업사원의 설명이 고객의 마음을 움직이려면 깊고 넓은 지식과 더불어 신뢰감이 있어야 한다. 신뢰가 가지 않으면 제품이 훌륭하고 지식이 풍부해도 고객의 구매를 이끌어낼 수 없다.

<공식 2> 설명력 = 지식(제품 + 종합적 경영 + 고객에 대한 사전지식)
+ 신뢰도 (상대의 수용 가능성)

영업사원에 대한 신뢰를 언급하기 전에 '상대의 수용 가능성'에 대해 살펴보자. 수용 가능성은 둘로 구분할 수 있다. 하나는 '받아들일 수 있다'는 의미의 'Acceptability수용 가능성'다. 영업사원의 설명을 얼마만큼 믿고 받아들일 수 있는가에 대한 것이다. 다른 하나는 '구매할 수 있다'는 차원의 'Affordability감당 가능성'다. 영업사원의 설명을 듣고 제품이나 서비스를 구매할 수 있는가에 대한 고려로서 판매자 입장에서는 고객의 구매력을 고려해야 하고 구매자 입장에서는 자신의 구매 가능성을 고려해야 한다. 신뢰는 이와 같은 수용 가능성과 감당 가능성을 키워주는 결정적 역할을 한다.

영업사원이 고객을 상대할 때 가장 큰 난점 중의 하나는 기존의 고객이 사용하던 방법이 '틀렸다'고 말해야 하는 순간이다. 이때 가장 먼저 해야 할 일은 고객이 무엇을 믿고 있는지를 이해하는 것이다. 기존에 쓰던 제품을 자신의 제품으로 바꾸도록 유도하려면 고객이 갖고 있는 일련의 신념체계를 이해하고 나서 현재의 생각을 처음부터 다시 생각하게 해야 한다. 쉽지 않는 일이다. 그래서 신뢰가 중요하다. 고객의 신뢰를 얻을 수만 있다면 기존의 생각과 행동을 영업사원이 원하는 방향으로 이끌 수 있다. 신뢰가 수용 가능성과 감당 가능성을 높여주기 때문이다.

고객으로부터 신뢰를 얻기 위해서는 반드시 지켜야 할 준칙이 있다.

첫째, 어떤 경우든 솔직 하라. 단 한 번의 판매를 위해 솔직함을 숨기거나 솔직함에 반하는 행동을 한다면 필연적으로 위기에 처하게 된다. 현장에서 영업 윤리를 무시하는 경우를 흔히 볼 수 있다. 기본 중의 기본임에도 임시방편으로 취급 당하기 일쑤다. 그래선 안 된다. 영업 윤리를 존중하고 엄수해야 한다. 영업 윤리의 핵심은 솔직함이다. 영업사원이 알고 있는 내용의 양면을 모두 이야기해야 한다. 고객에게 제안하는 제품이나 서비스의 장단점을 솔직하게 밝혀야 한다. 최상의 결과와 최악의 결과 및 가능성이 높고 낮은 결과에 대한 객관적인 추정치를 제시해야 한다. 고객은 그러한 영업사원에게 신뢰를 보낸다.

둘째, 어떤 일이 있어도 약속을 이행하라. 영업은 파는 것과 동시에 약속을 지키는 것이다. 힘들고 번거로워도, 스스로를 자괴감에 빠트리더라도, 100% 이행할 수 없는 상황에 놓였더라도 약속을 지켜야 한다. 약속은 고객과의 약속이기도 하지만 영업사원 자신과의 약속이기도 하다. 자신과의 약속을 깨지 말아야 한다. 약속을 깨는 것은 스스로를 부정하는 일이고, 영업은 물론 인생마저 허물어뜨리는 행위다. 약속을 지키는 사람이 신뢰를 얻고 영업을 성사시키는 법이다.

셋째, 어떤 상황 하에서도 비밀을 지켜라. "너만 알고 있어"라고 말하는 그 순간 비밀은 비밀이 아니게 된다. 비밀은 상황에 따라 어쩔 수 없이 밝히는 대상이 아니다. 비밀로서의 봉인이 해제되는 순간까지 밝힐 수 없는 것이 비밀이다. 지켜지는 비밀의 수준이 영업사원의 신뢰 수준을 말해준다. 법적으로도 윤리적으로도 비밀을 지킬 수 있다는 자신감을 가지고 기밀을 준수한다는 사실을 입증하면 신뢰도라는 평판을 얻게 된다.

넷째, 어떤 변화가 생기든 일관성을 유지하라. 일관성은 최고의 신뢰 척도다. 또한 역설적으로 가장 쉽게 접근할 수 있는 신뢰 획득의 수단이기도 하다. 많은 사람들이 말을 쉽게 뒤집는 경우가 많기 때문이다. 어떤 경영자는 직원들에게 "오늘 한 말을 내일 바꾸는 것은 일도 아니다. 일이라는 것은 그때그때 변하기 때문에 말을 바꾸는 거다"라고 대놓고 말하기도 한다. 신뢰하기가 어렵다. 의견이 달라도 서로 존중할 수 있는 이유는 일관성을 보이기 때문이다. 성공하는 영업사원들은 일관성을 가지고 설명하고, 고객은 그런 영업사원에게 신뢰감을 갖는다.

다섯째, 어떤 말을 하고 싶을지라도 일단 들어라. 무조건 들어야 한다. 참고 들어야 한다. 듣는 영업사원은 고객의 관점에 대한 개방성을 보여준다. 또한 훌륭한 청취자로서의 영업사원은 고객에게 자신의 생각을 공유하며 의견을 존중받는다는 느낌을 준다. 그러한 대화 환경에서 신뢰가 싹튼다.

고객의 이익을 최우선으로 하라. 만약 영업사원이 고객의 관심사를 마음에 두고 있다는 것을 증명할 수 있다면 사람들은 영업사원의 의견을 더 믿을 것이다. 선도적 영업Proactive, Prescriptive Sale이라는 말이 화두가 되고 있다. 영업사원이 자신의 제품을 소개하고 그 가치를 고객에게 인정받으려 시도하는 것이 아니라 고객의 의사결정 과정 전반에서 고객을 이끌어주는 선도적이고 사전 처방적인 영업 방식을 말한다. 추천사항을 명확히 제시하고 자신의 역량을 드러내 보여주되 구매 프로세스의 복잡한 측면을 알기 쉽게 설명해야 한다.

신뢰는 하룻밤 사이에 만들어지지 않는다. 시간을 두고 일련의 개인적 상호작용과 확인된 행동을 통해서 쌓이고 깊어지는 것이다.

설명을 잘하고 싶은가? 고객으로부터 좋은 반응을 얻고 싶은가? 그렇다면 전문지식을 부지런히 기르도록 하라. 그러면 신뢰가 꾸준히 쌓일 것이다.

영업의 본질적인 역할은 또 있다. 기업이 성장하려면 거래처 하나하나의 성장이 필수적이다. 거래처 하나하나의 성장 방안을 제시하고 실행에 옮겨 거래처의 고객과 판매량이 늘어날 수 있게 해야 한다. 어떻게 하면 좋을까?

거래처를 영업 역량이라는 틀로 분석하고 거래처의 특성에 맞게 대응 전략과 지침을 짜야 한다. 아래 그림은 거래처의 영업 역량을 분석하고 대응하는 지침을 보여준다.

	영업 역량이 높다	영업 역량이 낮다
영업 성과가 좋다	•역량도 좋고 성과도 따라오고 있으므로 성과에 대한 장기적 관점의 내재화에 중점을 둔다. •새로운 모델에 대한 고려를 함께 해야 한다.	성과는 일시적이고 환경 요인에 의해서일 가능성이 크다. 거래처의 현상을 진단하고 영업 역량 향상을 지원한다.
영업 성과가 낮다	역량은 좋은데 성과가 낮으므로 역량을 Full potential(충분히 잠재력까지 쏟아붓는 것을 의미함)하지 못하고 있다. 따라서 거래처의 영업 전략을 점검하고 영업 모델의 개선을 진행할 필요가 있다.	역량과 성과가 모두 낮으므로 거래 지속성에 대해 재검토한다. 원인에 대한 디테일한 분석에 따라 지속 여부를 판단한다.

일반적으로 제품 및 서비스의 공급자는 자신들이 취할 수 있는 방법이 2가지뿐이라고 생각한다. 경쟁사에 비해 자사 제품의 우월한 특징을 강조하거나, 가격으로 경쟁하는 것이다. 하지만 그것은 한계가 있다. 오늘날의

제품은 그 자체의 우월성이나 낮은 가격으로는 판매를 보장하지 못한다. 하지만 제품이 영업사원과 만나면 판매로 이어질 수 있다. 영업사원이 기업의 전략과 고객의 신뢰를 이어주기 때문이다.

스티브 잡스는 "소비자는 우리가 무언가를 보여주기 전에는 자신이 무엇을 원하는지 전혀 알지 못한다"고 말했다. 최근 화두 중 하나인 '인사이트 셀링insight selling'과 정확히 일치하는 말이다. 현대의 영업은 고객의 드러난 욕구에 초점을 맞추는 활동이 아니라 잠재되어 있으면서 정리되어 있지 않은 고객의 욕구를 정확히 건드림으로써 성공을 거둘 수 있다.

다음의 A영업사원의 세일즈 토크와 B영업사원의 세일즈 토크를 비교해 보자.

- A 영업사원 : "본 제품은 카트리지가 없는 기술로 만들어졌습니다. 이 때문에 레이저 방식보다 90%이상의 낭비를 감소시켰습니다. 이는 업계 최고 수준으로써 역동적이고, 부드러운 이미지를 빠르게…… 6개의 소프트웨어 옵션을 하나로 통합하여 당신의 욕구에 적합한 교육 솔루션을 제공합니다…"
- B 영업사원 : "색상Color의 품질이 학생 성적에 미치는 영향에 대해 하고 싶은 말이 있습니다. 학생 성적 저하의 핵심원인은 이해력 문제와 집중력 결핍에서 발생합니다. 초등학교 77%의 아이들에게 있어서 컬러Color의 개선은 집중과 관심을 증진시킵니다."

A와 B영업사원의 판매대화에서의 차이점을 구분하였는가? 영업사원

A는 제품의 기능 및 옵션 가치를 선도적으로 제공하였다. 알려진 고객욕구에 대한 대화를 시도하였고 제품의 특징을 강조하였다. 반면 B는 경제적 관심사와 고객에게 영향을 미치는 우선순위의 이슈를 전달 하였다. 고객이 미처 알고 있지 못하는 내용을 중심으로 전달한 것이다.

이제는 문제해결과 고객에 맞춤화된 해결책만으로는 부족하다. 고객으로 하여금 미래의 문제를 예상하게 해주고 나아가 고객의 전략적 방향을 변화하는 데까지 영향을 주어야 한다. "우리가 조사한 1,100명의 사람 중 단 3명의 영업사원이 우리 사업의 방향을 바꿨다"는 랙햄의 말처럼 고객의 사업을 바꿀 수 있는 영업이 필요하다. 그런 의미에서 영업사원의 궁극적 도달점은 '신뢰 있는 사업 조언자Trusted Business Advisor'가 되는 것이다. 최고 수준의 영업 전문가는 고객이 자신의 비즈니스에서 성공하도록 돕는 데 초점을 두어 강한 영향을 준다. 그 결과로 고객과 진정한 비즈니스 협력체가 된다.

영업은 단순한 조건 세팅이 아니다. 기존 기업의 기능에 +α를 주는 활동이고 고객에게 +α를 주는 활동이다. 그런 의미에서 영업 교육과 판매 방식에 근본적 변화를 주어야 한다.

영업방식은 고객을 민감도 있게 파악한 후에 고객의 잠재되어 있는 욕구를 끌어내어 초점을 맞추는 판매 활동을 해야 한다. 성과를 만들어내는 실행에 관심을 쏟아야 한다. 현실에서는 여전히 현상을 체계적으로 정리하고 문제점을 날카롭게 지적하는 것으로 자신의 역할을 다했다고 생각하는 개념 정리 주의자들이 많다. 자신의 분석이 실행에 기여했다고 생각한다.

예컨대 협상을 통해 거래 조건을 합의해놓으면 영업을 완수했다고 단정한다. 아무것도 완성되어 있지 않고 한 발짝도 실행이 안 되었는데도 말이다. 영업 현장에서 정작 중요한 것은 고객과의 접점에서 이루어지는 모든 것이다. 기업의 제품을 현장에서 어떻게 설명하고, 고객에게 어떤 조언을 주어야 하고, 현장 영업사원의 역할이 무엇인지 등을 하나하나 챙겨야 한다.

영업은 채널이다
B2B에서 B2e까지

채널관점의 영업 : 어떻게 영업사원을 교육해야 하는가?

채널관점의 영업

어떻게 영업사원을 교육해야 하는가?

"훌륭한 영업사원은 거래를 매듭짓고, 수당을 챙기고, 다음 거래처를 찾기 위해 움직인다. 반면에 훌륭한 영업관리자는 큰 그림을 보고 자원을 가장 잘 활용할 수 있는 방법을 생각한다. 많은 사람들이 이런 말을 하는데 영업이라는 분야에서 '실행'에 옮기기는 왜 그리 어려울까?"

영업을 연구해온 프랭크 세스페데스Frank Cespedes 하버드대 교수의 말이다.

필자는 영업 현장 경험을 거쳐 연구와 강의를 해온 지 20여 년이 되었다. 수많은 기업들의 영업사원들을 대상으로 강의를 진행했고, 학교에서도 영업과정을 만들어서 운영했다. 기업들이 제일 많이 요청한 강의 주제는 '영업사원의 역량 향상과 성과 지향적 영업'이었고, 개인들은 '자신의 경력 개발과 영업 현장의 고민 해결'을 목적으로 수강하는 경우가 많았다.

강의에 대한 평가는 '콘텐츠'와 '재미'라는 2가지 변수가 좌우한다. 무엇보다 둘의 균형이 중요하다. 콘텐츠 중심의 강의는 이론적이고 딱딱하기 쉬워서 '꼰대'스럽다는 반응이 나온다. 반면에 재미에 초점을 맞춘 강의는

'광대'스럽다는 평가를 받곤 한다. 꼰대나 광대가 되지 않으려면 수강생들이 원하는 콘텐츠를 제공해야 하고 적시에 흥미를 유발할 수 있어야 한다. 영업사원을 대상으로 하는 강의는 더욱 그렇다.

영업을 강의하면서 방문판매인, 은행 직원, 대리점을 관리하는 영업사원, 헤어용품 판매사원, 기업 대상 솔루션 제공업체 사원 등 다양한 분야의 사람들을 만났다. 그러면서 매우 흥미로운 사실을 발견했다. 다음은 그것을 토대로 연구한 결과를 정리한 것이다.

첫째, 조직 내 영업의 역할과 위상의 문제다. 기업에서 영업은 계층layer이 다르다. 다른 조직들과 달리 다루는 일이 다르다. 예컨대 회계, 마케팅, 전략, 재무, 인사 등은 기업 전체를 대상으로 업무를 진행하지만, 영업은 현장 중심으로 일이 돌아간다. 이 과정에서 기업 내 위상이 도외시되는 경우가 많다.

필자는 종종 'ABC'로 자기 소개를 하는데, 학자Academy, 경영자Business, 컨설턴트Consultant로 활동한다는 의미다. 그 동안 기업들의 요청으로 많은 전략회의에 참석했는데, 안타까운 현실은 영업활동을 주제로 전략을 논의하는 것을 거의 보지 못했다는 점이다. 영업관리자들조차 영업 현장과 관련한 경쟁우위나 재무목표, 브랜드 계획을 브리핑하거나 논의 주제로 삼지 않았다. 이는 비단 국내만의 문제가 아니다.

어느 기업에서 강의 중에 직원들에게 전략이라는 말을 들었을 때 떠오르는 단어 3가지를 말해보라고 요청했다. 직원들은 과연 어떤 단어를 떠올렸을까? 그들에게 제시된 단어는 모두 100가지가 넘었는데, '계획', '방향', '경쟁우위'라는 답변이 가장 많았다. 수많은 직원들 중에서 사람과 관련 있는 단어를 말한 사람은 단 2명뿐이었다. 한 임원은 '리더십'이라고 말했고, 다른 임원은 '비저너리visionary. 선견지명이 있는 사람'라고 답했다. '영업'을 언급한 사람은 단 한 명도 없었다. 경영에서 가장 중요한 부문, 현재의 고객이나 미래의 고객을 상대하는 일에 대해 아무도 말하지 않은 것이다. 기업의 경영전략이 영업 현장과 따로 노는 일들이 그래서 발생한다.

생각해보라. 아무리 전략이 멋지고 프레젠테이션이 화려하다 한들 그게 무슨 소용이겠는가. 현장과 유리된 계획과 표현은 태산명동에 서일필泰山鳴動 鼠一匹. 태산을 움직일 듯 뭔가 하는 것처럼 나대지만 실제로 나온 것은 쥐새끼 한 마리뿐이요, 한낱 물거품에 불과하다. 모든 전략은 현장에서 실행되는 법이다. 영업사원들이 직접 마주하고 있는 현장에 밀착된 정보와 정밀한 분석에 기반하지 않은 전망과 계획으로 이룰 수 있는 것은 요행 외에는 아무것도 없다. 설사 시행착오를 겪는다 해도 현장을 통해 확인하고, 교훈을 얻고, 개선해 나가야 한다. 그래야 발전을 기대할 수 있다. 영업사원들이 고객에게 어떻게 말하는지, 고객의 반응과 요구사항은 무엇인지를 알고 전략과 계획에 반영하여 실행할 수 있게 해야 한다. 철저히 현장 중심이어야 한다.

그렇다면 영업조직이든 영업사원이든 그들을 대상으로 영업교육을 어떻게 해야 하는가? 길은 분명해졌다. 영업교육은 전략, 마케팅, 인사, 재무, 회계 교육과 다르다. 그들은 하나의 이론과 강의안으로 여러 기업을 강의할 수 있는 일종의 표준어Protocol와 같다. 이런 사람들은 강의의 힘이 트랜드를 반영한 강의안과 실행은 누구나 할 수 있다는 자신감을 전제로 나오게 된다고 믿는다. 반면에 영업은 포탄이 빗발치는 현장의 참호 속에서 이루어진다. 그러므로, 강의의 힘은 멋진 트랜드나 기업의 일반적이고 개념적인 기능에서 나오는 것이 아니라 '현장과 밀착된 날카로운 시야' '영업사원의 공감을 이끌어 낼 수 있는 힘'에 의해서 나오는 것이다.

영업조직과 영업사원을 대상으로 효과적인 교육을 하고 싶은가? 그렇다면 첫 번째로 신경을 쓸 곳은 영업 강의안을 바꿔야 한다. 어떻게? 현장을 반영한 것으로 말이다. 현장의 상황을 기반으로 강의안을 만들 경우의 장점은 확실히 있다. 첫째는 보다 현실적인 강의를 할 수 있다. 둘째, 현장 직원들과 토론할 수 있는 꺼리가 된다. 셋째, 강의의 연속성을 확보할 수 있다. 넷째, 영업강의의 특수성현장중심 및 성과지향을 반영할 수 있다. 물론 단점도 있다. 강의준비 시간소요가 많다는 점이다. 강의의 효과를 위해서는 현장의 이야기를 다른 시각으로 전달하고 이를 조직 전체의 공감으로 이끌어 내는 주제를 전달해야 한다. 그 결과로 현장과 한 방향으로 정렬되는 영업 전략이 수립될 수 있고, 영업에 대한 참여와 협조가 고양될 수 있다.

둘째, 영업채널을 세부적으로 보고 각 채널에 맞는 영업사원의 역량을 정리하는 시각이다. 그 동안 우리는 영업채널을 B2B와 B2C로 구분하여 일해왔다. 조직 구성도, 업무도 그에 맞추어 결정하고 실행했다. 그러나 실제 영업은 그리 단순하지 않으며, 시장의 변화와 함께 시스템의 발달로 새로운 채널이 속속 등장하게 되었다. 이와 같은 현실을 반영하여 필자는 영업채널을 4가지로 구분했다. B2B, B2C, B2D, B2e다.

B2B와 B2C는 익히 알려져 있지만, B2D와 B2e에 대해서는 생소한

느낌이 들 수도 있을 것이다. B2D의 D는 'Distribution' 또는 'Distributor'를 말하며, 대리점 등의 중간 판매상을 둔 경우를 의미한다. B2e의 e는 온라인채널 등의 비대면 채널의 의미를 e로 표현한 것이다. 인터넷 채널을 표현할 때에 e-채널이라 부르는 것과 같은 의미이다.

아래의 차트는 4가지의 영업채널을 이해하기 쉽게 정리하는 것이다.

- B2B
  - 재료, 부품, 소재, OEM, ODM 완제품 등 납품사업
  - 솔루션영업 : 기술영업, 컨설팅
  - 아웃소싱 영업 : IT, 회계, 인사, 물류, 보관 등
- B2C
  - 배달 + 판매 영업 : 예컨대, 야쿠르트나 녹즙 판매 조직
  - 판매 + 관리 영업 : 금융자산관리, 렌털
  - 단순판매영업 : 방판, 자동차, 금융창구
  - 매장판매 : 입점 매장과 개인매장 판매
- B2D
  - 대형매장 또는 판매망을 통한 입점과 판매 : 위탁매장, 수수료 매장
  - Distribution Channel(공급망 채널) : 대리점, 특약점, 가맹점, 직영점
  - 판매 아웃소싱 : 영업전문 기업에 영업 전체를 위탁
- B2e
  - 온라인채널(e-Commerce) : 자체 채널과 일반 온라인 판매(Commerce Channel)
  - 홈쇼핑채널 등(Omni-On, Off) : (제한된) 시간에 대한 판매 관리
  - 온 오프 연결 영업(e-Broker) : 온라인과 물류

위 내용을 하나하나 상세하게 살펴보자.

B2B

B2B에서 재료, 부품, 소재, OEM이나 ODMOriginal Development Manufacturing 완제품 등을 납품하는 일은 일종의 '맞춤형 영업'이다. 이를 '스펙인Spec-in 영업'이라고 하는데, 공급자 주도형 납품사업, 발주자 주도형 납품사업이 여기에 해당한다. 공급자가 스펙을 정하든 납품업자가 제안하든 영업은 스펙의 최적화 능력이 핵심이며, 아울러 영업사원이 원가에 대한 영향impact을 고려하여 조정할 수 있는 역량이 있는가, 더 나아가 기술 혁신에 대해 과학적으로 제안할 수 있는가가 성공을 판가름하게 된다. 예컨대 세계적인 핸드백 브랜드는 한국의 시몬느라는 기업에서 많은 부분을 담당하고 있다. 이 기업은 수요처의 요청에 그대로 맞추는 것에서 벗어나 디자인을 제안하고 기술을 별도로 개발하는 단계까지 담당하고 있다.

솔루션solution 영업은 '기술영업'으로 잘 알려져 있다. 제품 주도형, 기술솔루션 주도형, 지식 솔루션 주도형으로 구분할 수 있는데, 제품 주도형은 기업이 갖고 있는 제품의 우위를 바탕으로 필요한 업체에 맞춤제안을 함으로써 제품을 사용하게 하는 것이다. 기술과 지식 솔루션 주도형은 경영 컨설팅 같은 것이 대표적이다. 원가보다는 기술에 대한 컨설테이션consultation이 영업활동의 주를 이룬다. 영업사원에게 고도의 지식 기반과 더불어 영업을 위해 각 부서의 협력을 이끌어내는 능력이 요구되며, 고객에게 체계적으로 제안할 수 있어야 한다. 이를 위해서는 '고객보다 고객을 더 잘 알고 있어야 한다.'

영업에 대한 많은 연구가 솔루션 영업에 집중되어 있다. 인사이트셀링

Insight Selling으로 잘 알려진 'The End of Solution Sales'를 비롯하여 'Tiebreaker Selling' 'Dismantling the Sales Machine'과 같은 유명 아티클article에서 다루고 있는 주제 역시 이 분야다.

아웃소싱outsourcing영업은 일반적으로 말하는 '위탁영업'이다. 단순 대행과 보완적 대행으로 구분할 수 있는데, "기업 안에서 직접 운영하기보다 잘하는 곳에 위탁하는 것이 좋습니다"를 모토로 세일즈 토크Sales Talk를 이끌어 위탁을 유도하는 것이 기본적인 영업 방식이다.

단순 대행은 주로 물량을 기반으로 한 가격경쟁력을 내세워 원가절감의 혜택을 제공하는 데 초점을 맞춘다. 그에 비해 보완적 대행은 물량과 원가에 더해 프로세스 개선 등의 업그레이드 서비스를 추가로 제공한다. 외부 위탁을 통해 기업의 기능을 효과적으로 분할할 것을 제안하는 방식이다. 거래에 성공한 이후에는 지속적 관계 유지를 위한 꾸준한 고객관리가 요구된다. 최근 들어 파견 인력 관리나 회계 등의 아웃소싱은 일반화되어 있다.

B2C

B2C는 기업이 고객을 대상으로 직접 판매하는 방식이다. 물건을 배달하면서 판매하는 영업으로 대표적인 예가 야쿠르트나 녹즙 판매조직이다. 판매원의 개인 역량이 중요하며 조직력이 요구된다. 판매원의 개인기는 영업적 감각sensing에 의존하며, 취급하는 상품은 판매조직에 적합하게 테스트되고 개발된다. 판매원들의 표준활동을 권장해야 할뿐더러 일선에서 함께하는 것의 공감대가 필요하다.

B2C의 성패를 가르는 것은 영업사원의 선발과 관리다.

B2C에서 대표적인 영업 방식은 판매와 관리를 중심으로 고객을 유지하는 것이다. 은행이나 보험의 VIP영업과 렌털 비즈니스가 좋은 예다. VIP영업의 핵심은 고객의 자산 관리인데, 고객의 성향에 맞게 관리해야 하므로 어려움이 많다. 하지만 조직의 입장을 명확히 해야 한다. 영업이 단순히 심부름 차원의 일로 남는가, 아니면 고도의 프로페셔널 서비스로 만드는가가 여기에 달려 있다.

렌털 비즈니스에서는 판매모델의 설계와 관리가 핵심이다. 판매모델에서는 '고객을 묶어놓는 제안과 고객을 관리하는 활동의 설계'가 중요하고, 판매조직의 유지에서는 고도의 효율이 요구된다. 영업사원은 판매를 하는 사람뿐 아니라 렌털을 유지하는 사람도 포함된다. 고객접점에서 관리해가면서 세일즈 토크를 통해 새로운 판매를 창출할 수 있기 때문이다. 그러므로 영업사원의 서비스 역량이 절대적으로 중요하다.

미국 뉴욕에 있는 마케팅&리서치 회사의 대표인 데이비드 메이어David Mayer와 HR컨설팅 회사의 대표인 허버트 그린버그Herbert M. Greenberg는 '무엇이 좋은 영업사원을 만드는가What Makes a Good Salesman'라는 기고문을 통해 영업사원을 선발할 때에는 '공감능력empathy'과 '자기확신능력ego Drive'이 있어야 한다고 강조했다.

B2C의 일반적인 영업 방식은 단순 판매다. 사람들이 영업을 말할 때 흔히 떠올리는 형태이기도 하다. 자동차, 보험, 건강식품을 비롯하여 버스

나 지하철에서 판매활동을 하는 경우까지 일상생활에서 쉽게 발견할 수 있다. 그만큼 종사하는 사람이 많다. 반면에 탈락률이 가장 높은 분야이기도 하다. 관건은 판매원의 연고 판매가 종료되었을 때 이를 영업활동으로 전환하는 것이다. 이것이 판매원의 근속 여부를 결정한다. 조직적인 교육과 지원이 중요할 수밖에 없다.

B2C에서 흔히 볼 수 있는 또 하나의 영업 방식은 매장 판매다. 매장은 고객이 스스로 구매 여부를 판단하는 곳이기도 하므로 영업보다는 서비스로 통칭하는 경우가 많다. 그러나 다른 어느 곳보다 영업활동이 필요하다.

매장영업은 디스플레이와 고객의 편의성, 주목도, 판매원의 감각 3가지가 핵심 요소다. 이 3박자가 맞아떨어져야 목표를 이룰 수 있다. 패스트푸드점의 경우를 예로 들어 살펴보자.

매장에 들어선 사람들은 먼저 무엇을 주문할지를 생각하고 메뉴를 살핀다. 큼지막한 메뉴판부터 살펴보겠지만 거기에 적힌 메뉴들을 다 읽지는 않는다. 그냥 한번 죽 훑어볼 뿐이다. 단골이라면 원하는 메뉴를 바로 주문할 것이다. 한 일본기업의 조사 결과에 따르면 고객의 75%가 주문을 마친 후 음식을 기다리면서 다시 메뉴판을 보는 것으로 나타났다. 일반 음식점에서는 보통 서너 명이 함께 오기 때문에 서로 대화를 나누느라 실내 광고물에 시선을 돌릴 여유가 없지만, 패스트 푸드점 같은 곳에서는 대체로 한두 사람이 오는 경우가 많아 안내문들을 훑어보게 된다. 주문한 음식이 나오는 시간은 평균 1분 40초인데, 그 정도의 시간이면 거의 모든 내용을 일람할 수 있는 시간이다. 이 시간이 바로 매장영업의 골든 타임인 셈이다. 고객들에게 메시지를 전달할 수 있는 절호의 기회인 것이다. 고객의 행동 프로세스를 세분하면 영업의 포인트가 보인다.

B2D

B2D는 제조업체가 대형 유통사나 대리점, 가맹점, 특약점 등의 공급 채널을 대상으로 거래활동을 하는 경우를 말한다. 일부에서는 기업 → 대형 유통사대리점 등 → 소매점 또는 고객으로 연결되기 때문에 'B2B2C'라고 부르기도 한다.

B2D의 첫 번째 형태는 기업이 대형 매장이나 체인 판매망에 입점하여 판매하는 것이다. 일반소비재 제조업체가 이마트나 홈플러스 등에 입점하는 경우가 대표적이다. 이때의 영업은 거래조건을 어떻게 정하느냐에 따라 성과가 결정된다. 예컨대 납품 방식, 매대 확보, 결품의 판매 손실, 프로모션 기획, 판촉사원의 역할, 판매 정보의 공유와 같은 조건 설정이 영업의 전부라 해도 과언이 아니다. 해당 채널에 맞추어 치밀하게 전략적으로 협상해야 한다. A사는 E유통에 납품을 하는 제조사였다. A사는 자신이 거래하고 있는 모든 대형 유통의 판매 생산성을 분석한 후에 핵심 유통을 추리게 하였다. A사는 추려진 핵심 유통에 대해서 11가지의 협의사항을 추출하게 되었다. 예컨대, 무 반품거래 조건, 결제조건, 주문정보 공유에 관한 건, 전체적인 제품 카테고리의 협력조건, 공급자에게 판매 정보를 공유하는 조건, 프로모션 행사 시 매대 선점조건, 진열 면적의 고정적 확보 조건, 볼륨 또는 이익 리베이트 조건 등의 11개 항목에 대해서 유통과 공존할 수 있는 협의

사항을 제안하게 되었고 E유통 측에서도 이를 기꺼이 받아 들임으로써 A사와 E유통이 바람직한 협력의 모델을 만들 수 있게 되었다.

B2D의 두 번째 형태는 대리점, 특약점, 가맹점 등을 대상으로 하는 영업이다. 과거에는 일종의 공급 하청 채널로 간주되어 제조업체가 강력한 교섭력을 가지고 거래했기 때문에 영업의 중요성은 상대적으로 저평가되었다. 영업이라기보다 관리의 대상이었다는 표현이 적절하다. 그러한 종속관계가 사라지지 않고 남아 간혹 갑질 논란이 벌어지기도 한다.

대리점 영업의 핵심 포인트는 서로의 역할을 명확히 정의하고, 영업 정책과 성과의 연계성을 확인하며, 파트너로서 신뢰를 다지는 것이다. 그 중에서도 신뢰 관리가 중요하다. 신뢰와 몰입이 성과에 영향을 미친다는 TCPTrust-Commitment-Performance모델이 크게 주목 받는 이유다. 브리검 영 대학교의 포셋Stanley E. Fawcett 등은 '협력적 혁신의 요체로서의 신뢰'를 강조하는 논문Supply Chain Trust: The Catalyst for Collaborative Innovation을 발표하기도 했다. 그들은 이 논문을 통해서 신뢰는 협력적인 혁신 역량의 핵심이다. 신뢰의 기반 없이는 협력적인 연합은 형성될 수도 지속될 수도 없다고 하였다.

B2D의 또 다른 형태로 영업을 외부에 위탁하는 경우가 있다. 새로운 시장에 독자적으로 진출하기가 어려울 때 주로 쓰는 방식이다. 제약회사에서 주로 활용하는 CSOContract Sales Organization기업이 대표적이다. 국제적으로는 DKSH같은 기업이 각국 기업의 영업을 대행한다.

영업 대행사와의 협의는 기본 활동과 성과를 중심으로 하기 때문에 이에 대한 시각과 전략이 필요하다. 위탁 계약이전에 현지 시장에 대한 정보수집과 철저한 분석이 필요하다. 가장 효과적인 방법은 필요한 포인트에 믿을 만한 전문가를 기용하는 것이다. 수많은 글로벌 기업이 다른 나라의 유통에 접근하고자 할 때에는 현지의 시장을 잘 이해하는 기업과 제휴를 하는 방법을 취하거나 전문 유통기업을 활용하려고 한다.

B2e

B2e는 기업이 온라인e-channel상의 고객을 대상하는 하는 채널이다. 코로나19의 대유행과 더불어 더욱 부상하게 된 채널이다.

첫 번째 형태는 기업이 전자상거래 업체를 활용하는 경우다. 핵심은 온라인 채널 영업에 대한 전략적 활용을 명확히 하는 것이다. 온라인은 수많은 데이터가 축적되고 활용되는 공간이므로 얼마나 데이터를 전략적으로 활용하느냐가 성패를 가르게 된다.

비대면이나 간접적 대면의 방식으로 영업모델의 전환도 검토해야 한다. 이때 자사의 제품이 아니라 고객의 구조와 영업의 구조영업사원과 영업활동의 디테일를 중심으로 유통 방식을 설계해야 한다. 예컨대 건강식품 방문판매를 해오던 기업이 디지털 방식으로 전환한다고 하면 대형 매장이나 온라인 채널에 입점하는 것과 다른 접근이 필요하다. 사례는 채널 설명의 뒷 부분에 따로 하기로 한다.

B2e의 두 번째 형태는 홈쇼핑 채널 등이다. 제한된 공간과 시간에서 가

장 효과적인 영업 방식이라고 할 수 있는데, 판매를 극대화하는 세일즈 토크sales talk가 중요하며, 일부 오프라인 채널과의 연계를 전략적으로 고려할 필요가 있다. 제한된 시간에, 각종 툴을 활용하여, 체계적이고 설득력 있는 시범과 대화법으로, 성과를 올리는 방향으로 전략을 짜고 실행할 수 있어야 한다.

B2e의 세 번째 형태는 온·오프 연결이다. 전자상거래와는 다른 개념의 영업으로 더 정확하게는 오프라인의 영업을 활성화하는 역할로서의 온라인 채널이라는 표현이 적절할 것이다. 혹자는 '이 브로커e-Broker'로 부르기도 하는데, 이 브로커의 의미는 온라인이 오프라인의 중개 역할을 담당한다는 의미를 담은 것이다. 핵심은 프로세스를 정교화하고 고객관리를 온·오프라인에서 협력적으로 하는 것이다. 정교함이 떨어지면 양날의 칼이 될 수도 있으므로 현명한 콘트롤 타워가 요구된다. 사례를 들어보자. 제조사인 P사는 판매채널로써 건강식품을 방문판매 채널을 통해 판매하고 있었다. 샘물의 영업은 가맹점이 하지만 배달원을 활용하여 배송을 하고 있었다. 나머지 식품은 일반적인 대리점과 유통 채널에 직접 납품을 하고 있었다. P사는 온라인 판매 채널에 관심을 갖고 있었으나 쉽게 접근하지 못하고 있었다. 기존의 채널에서 반발을 하기 때문이었다. 고심 끝에 P사는 온라인 판매 채널을 열어두되 고객이 주문을 하면 기존의 채널을 통해 고객에게 전달하게끔 연결을 시도하게 된 것이다. P사의 사례는 P사의 온라인 판매 채널은 일반적인 온라인 판매 채널 만의 역할에 그치지 않고 오프라인을 연결하는 일종의 이 브로커 역할을 하게 된 것이다. 또한, 이 과정은 매우 상세하고도 정

교한 프로세스 설계가 따라야 한다. 이 때문에 '현명한 콘트롤 타워'가 필요한 것이다.

이상의 4가지 영업채널에 따른 13가지 형태는 저마다 다른 특성을 갖고 있다. 여기에 많은 종류의 산업적 특성까지를 감안한다면 가히 '영업은 특수하다'는 외침이 나올 법하다. '답이 없다'는 말도 종종 들을 수 있다. 정말이지 분야별로, 거래 형태와 거래처별로 영업에 대한 효과적인 접근법이 각기 다른 경우가 얼마나 많은가. 우리가 그 동안 경험했듯이 특정 영업활동과 특정 결과 사이의 극적인 연결은 없었고, 예측 가능한 결과를 이끌었던 순차적 전략은 유효하지 않다. 어떻게 해야 할까? 모두에게 적용될 수 있는 하나의 정답은 없다. 해답은 각각의 채널 특성에 맞는 학습과 훈련을 하는 것이다.

"영업사원에게 요구되는 기술은 시장마다 다르다. 직접 판매에서의 영업 과제는 사회문화와도 관련이 있으며, 일반적인 영업 과제는 기업, 제품, 기술의 변화에 따라 달라진다."

세계적인 자동차회사 어느 영업담당 임원의 말이다.

영업은 학습이다

좋은 영업사원 만들기

학습-1 : 좋은 영업사원 만들기 → 내 사업이라는 인식 : 주인의식

학습-2 : 훌륭한 영업인을 어떻게 만들까?

학습-3 : 영업사원의 급여와 보상

학습-4 : 영업비용 사용

학습-5 : 새로운 보상체계의 계획

학습-6 : 영업사원의 자기관리 의식

학습-1
좋은 영업사원 만들기 → 내 사업이라는 인식 : 주인의식

오너십ownership은 오랫동안 회자되고 반복해서 논의되어온 주제다. 경영학자들도 저마다 문제 제기를 해왔고 나름의 방향을 제시하기도 했다. 하지만 기업의 경영자나 실무자가 볼 때는 여전히 뚜렷한 해결책이 제시되지 않고 있다. 가장 효율적인 조직 형태를 갖추고 있는 기업에서 오너십을 고취시키는 해결책을 찾아내지 못한 이유는 무엇일까?

"오너가 아닌 사람에게 오너십을 가지라고 요구하는 것 자체가 어불성설 아닌가요?"라고 지적하는 사람들이 있다. 곱씹어볼 만한 말이다. 그런데 정말 그럴까? 오너십을 가지는 것이 실현 불가능한 일일까? 구성원들이 기업의 일을 자신의 일처럼 생각하게 하고 헌신적으로 일하게 만드는 문화를 만들 수 없을까? 필자와 연구팀이 정리한 다음의 4가지 관점을 통해 이 이슈를 정리해보자.

입장 정리

수많은 과제를 처리하다 보면 정작 중요한 것을 놓치는 경우가 있다. 그

중 하나가 입장 정리다. 어떤 일과 관련한 사건이 발생했을 때 그 사건에 대한 자신의 입장을 명확히 정리하지 못하고 처리에 급급하여 그냥 넘어가곤 한다. 여기서 문제가 발생한다. 입장이 이상하거나 모호하면 실행이 흔들리게 되고, 실행이 흔들리면 필연적으로 성과에 악영향을 미치게 된다. 과제를 효과적이고 성과지향적으로 처리하려면 가장 먼저 해야 할 일은 입장을 올바로 정리하는 것이다.

높은 실적을 올려 '판매왕'으로 불리는 사람들에게서 보이는 핵심적 특징이 있다. '고객에 대한 컨트롤'이다. 다시 말해서 전략적으로 고객을 관리하는 것이다. 그들은 고객의 의견을 듣고, 종합하고, 의사결정하는 과정에서 항상 '이것이 옳은가?'를 묻는다. 근본적인 질문을 던지고 자신의 입장을 정리해서 행동한다. 예컨대, 하나의 상황을 상정해보자. "영업관리자인 당신은 화가 머리 끝까지 나 있다. 당신을 화나게 만든 것은 당신이 관리하는 영업사원과 거래 상대방 간의 다툼 때문이었다. 이유는 영업사원이 갑질을 했다는 것이다. 사실, 거래 상대방은 당신의 실적에 큰 도움이 안 되는 작은 거래처였다. 소비자 단체에 알리고 고발할 것이라고 한다. 당신이 보기에는 거래 상대방이 말도 안 되는 것을 가지고 트집을 잡고 있다는 생각이 들었다. 왜냐하면, 당신의 영업사원은 해 오던 관행대로 거래처에게 판매물량에 대한 할당을 했고 판매물량을 받지 않겠다고 한 거래처에게 거래중단을 할 것이라고 통보를 했기 때문이었다. 거래처는 반발을 하고 있다. 영업사원이 협박을 하고 심한 말을 했다는 것이다." 짧은 상황 설명이다. 자, 여러분이 영업관리자라면 어떻게 할 것인가? 당신은 어떻게 당신의 입장을 정리 할 것인가?

이 사건에서 겉으로 드러난 것은 영업사원의 거래처 압박이다. 이에 대해 물량 기여도가 작은 거래처가 반발한 것이다. 관리자인 당신은 해 오던 대로 하지 않은 거래처가 미울 것이고 무엇인가 대가를 치르게 하고 싶을지도 모른다. 여러분은 제 3자적인 입장에서 이 상황을 상상하고 있으니 보다 합리적일 듯 하다. 당신의 상황이라고 생각해보라. 아마도 덜 합리적일지도 모른다.

입장정리를 어떻게 할 것인가? 그렇다. 먼저, 단기적인 대응과 단기적인 대응 이후로 나누어야 할 것이다. 단기적인 대응은 상황에 대한 안정일 것이다. 그렇다면 단기적인 대응 이후에는 무엇을 해야 할까? 거래처를 대하는 전략적인 입장을 정리하는 것이다. 비즈니스와 감정을 분리해서 판단을 하는 일이다.

사실 영업사원 모두가 똑같이 적용할 수 있는 효과적인 고객 컨트롤을 위한 정도는 따로 없다. 영업사원 스스로 고객을 대하는 입장을 정하고 이를 '원칙'이라는 규범으로 연결하여 이를 기반으로 종합적이고 주도적이고 명확한 판단을 내리는 것이다. 하지만 아쉽게도 리더십을또는 오너십을 가르치는 수많은 교육기관에서 입장 정리에 대해 가르치는 훈련을 해오지 않았다. 오너십을 고취하고 싶다면 어떤 일에 대해 전략적으로 입장 정리하는 훈련을 우선하여 반복적으로 수행할 필요가 있다.

현장 실행가

"기획을 오래 하면 사람이 이상해집니다. 이 때문에 저는 직원들의 업무 순환을 고려할 때 기획에 관한 일은 절대 오래 시키지 않습니다."

어느 창업 경영자가 한 말이다. 오래 전 TV에서 큰 인기를 끈 <태조 왕건>이라는 드라마가 있었다. 이 드라마에 참 인상적인 캐릭터가 등장한다. 후백제 견훤의 충실한 부하로 나오는 애술哀述 장군이다. 애술 장군은 무식하지만 저돌적이다. 매번 주군인 견훤에게 "소신에게 500명의 군사만 주시면 적장의 목을 베어오겠습니다"라며 호기 있게 장담하고는 전장으로 나간다. 하지만 번번히 패하고 돌아와서는 견훤 앞에서 면목이 없어 한다. 다소 우스꽝스러운 모습의 캐릭터다. 그럼에도 불구하고 그는 견훤에게 최고의 장군으로 대접받는다.

오너십을 논할 때 애술은 많은 시사점을 주는 인물이다. 논리적이고 분석적으로 안 되는 이유를 열거하기보다 작은 가능성이라도 있다면 이를 목표 삼아 우직하게 전진하는 직원이 기업에 필요하다. 그런 직원이야말로 오너십을 발휘하여 기업을 위해 일하는 실행가라고 할 수 있다. 오너십을 고취하는 두 번째 방법은 적극적인 현장 실행가를 선발하여 움직이게 하는 것이다. 실행 중심주의자들은 역동적인 기업 문화를 살릴 수 있기 때문이다.

디테일

"회사의 전체이익, 전년도 이익, 경쟁사 이익 등은 속속들이 알고 있어도 기업에서 가장 많이 팔리는 대표 제품에 대한 현장 구조, 원가 구조 하나 제대로 파악하지 못하거나 현장에서 벌어지는 디테일을 잘 모르고서 어떻게 큰 그림을 맞출 수 있겠는가를 깨달아야 한다."

삼성그룹의 창업자 이병철 회장의 말이다. 기업의 성과는 큰 그림이 아니라 현장에서 이루어지는 디테일에 좌우된다. 디테일에 강한 직원이 기업을 키운다.

디테일은 오너십의 기본으로 고객을 내할 때 위력을 발휘한다. '고객은 왕이다'라는 말이 구호에 그치는 경우가 얼마나 많은가. 겉으로만 내세우는 고객만족은 오히려 고객들을 불편하게 하고 불만을 갖게 만든다. 고객은 '고객 요구의 본질을 이해하고 고객과 감성적으로 공감하면서 실질적으로 문제를 해결해 줄 수 있는 전문성을 갖춘 직원'을 원한다. 고객의 미세한 부분까지 살필 수 있는 민감도가 영업의 승리를 가져오는 열쇠다.

오너십을 고취하고자 할 때 경영자가 힘써야 할 세 번째 요소는 디테일에 주목하는 조직문화를 만드는 것이나.

신뢰체계

오너십의 바탕에는 상대에 대한 신뢰가 있다. 안 보고도 믿을 수 있어야 한다. 세계의 다이아몬드 시장을 주도하는 유태인은 신뢰만 있으면 계약서 없이도 거래를 진행한다.

신뢰는 한두 마디의 구호나 결의로 이루어지지 않는다. 한 순간의 보여짐showing이 아니라 꾸준한 실행의 결과로 조성되는 것이 신뢰이다. 원칙을 중시하는 경영자의 일관된 말과 행동이 구성원들에게 인식되고 확산될 때 기업에 신뢰 문화가 만들어진다. 어떻게 탄탄한 신뢰 기반을 닦을 것인가를 끊임없이 고민하며 이를 체계화하는 노력을 게을리하지 말아야 한다. 이렇게 만들어진 신뢰가 기업 밖의 고객에 대한 바람직한 가치 제안value proposition으로 이어지는 것이다.

구성원들의 오너십을 원한다면 앞에서 언급한 3가지와 함께 신뢰 체계 형성에 힘을 모아야 한다.

정리해 보자. 수많은 훌륭한 영업사원 및 영업관리자의 조건에 관한 연구를 종합하면 세 가지로 집약된다. 첫째는 전문성 둘째는 일관성 셋째는 진정성이다. 전문성은 "실력"제품지식과 판매능력을 말한다. 일관성은 "한결같음"을 말한다. 한결같음은 작은 일에도 정성을 다하는 것과 일맥상통하므로 디테일과 관계가 있다. 진정성은 "나의 일"이라 생각하는 마음가짐을 말한다. 이는 주인의식과 동일한 의미이다.

어떤 영업 전문가는 영업사원의 하반기 영업계획의 발표를 듣는 자리에서 다음과 같이 코멘트를 하였다. "영업사원들의 발표에 대한 소감입니다. 영업팀장들의 발표에는 의지가 들어가 있었습니다. 하지만, 행동방향과 방식이 포함되어 있지는 않았던 것 같습니다. "꼭 적을 무찌르겠다는 것"이었지 "어떤 고지를 어떤 방식으로 탈환하겠다는 것"이나 "필수적인 정세 분석 사항"과 "무엇을 지원 요청"할 것인가는 빠져있었습니다. 게다가, 숫자에 있어서 목표는 있었지만 전략적인 숫자예컨대, 수익성과 관련한는 없었던 것 같습니다. 그런 의미에서 영업직원들에 대한 현장접근 분석, 대안, 행동으로 이어지는 체계적인 접근이 필요하겠다는 생각이 들었습니다. 예컨대, 고객을 Keeping하고 Expanding하며, Developing하거나 때로는 Creating하는 체계적인 활동이 적용되어야 할 것으로 생각되었습니다. 다만, 발표를 들어 본 결과 현재 영업직원들에게 많은 것을 요구할 수는 없을 듯 합니다. 단계 별로 수준을 높여 가면서 영업력을 끌어 올리는 것이 필요 하겠다는 생각이 들었습니다."라고 하였다.

고객을 Keeping하고 Expanding하며, Developing하거나 때로는 Creating하는 체계적인 활동은 KEDC라고 한다. KEDC tool은 현재의 고객을 유지하고 신규 고객의 개발을 통한 매출 성장 전략의 효과적인 관리 기법이다. 아래 그림은 KEDC Tool을 표현한 그림이다.

KEDC Tool

"현재 고객 유지와 시장 개척을 통한 매출성장 전략 툴"

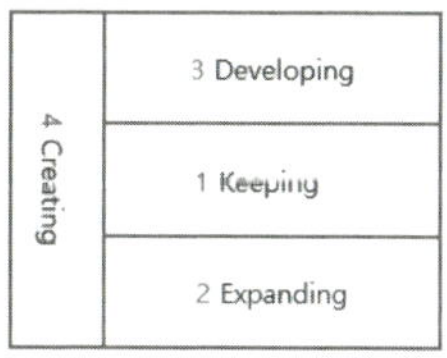

(숫자는 영업전략 우선순위)

1 Keeping : 현재 고객 유지 전략
2 Expanding : 현재 사용중인 서비스 및 제품 이용횟수 증가 또는 가격인상 전략
3 Developing : 경쟁사가 거래중인 서비스, 제품을 우리 서비스, 제품으로 대체하는 전략
4 Creating : 우리 고유 서비스, 제품 또는 고객 니즈에 의해 개발한 서비스, 제품으로 신규 시장 창출

KEDC를 현장에 적용한 사례는 아래 그림이다. 어떤 은행의 기업고객을 개발하고 유지하는 전체적인 프로세스에 KEDC를 적용한 그림이다. 은행에서 기업고객을 개발하는 첫 번째 단계는 고객을 탐색하는Search단계이다. 일반적으로 은행에서는 고객 발굴을 위한 체계적이고도 다양한 정보가 현장 영업담당자에게 제공되고 있다. 하지만, 은행 기업고객을 발굴하고 관리하는 현장의 영업담당자들의 활용도는 제 각각이다. 실제로 중요한 것은

"영업의 세계는 자료가 말해주지 않는 다는 것"이다. 자료가 진정으로 위력을 발휘하기 위해서는 ① 고객과의 접점에서 ② 고객과 만나는 순간에서 ③ 고객과 만남의 반복 횟수가 있을 때라는 점이다. 만일, 만나는 순간과 반복이 없다면 아무리 좋은 자료라도 의미가 없다. 탐색Search 단계에서의 키Key는 데이터를 수집하는 것만이 아니다. 가능성이 있는 고객이라고 판단되는 경우는 직접 접촉활동이 있어야 한다. 데이터의 값어치가 있는지 없는지는 직접 접촉활동을 함으로써 판명이 될 것이다. 직접 접촉활동을 한다는 것은 가능성 있는 고객을 최대한 만나서 잠재력을 확인하는 활동이다.

두 번째 단계는 접촉Contact과 제안활동Proposal이다. 접촉Contact과 제안활동Proposal은 KEDC모델 중에 개발Developing에 해당한다. 이 단계는 많은 정보를 필요로 한다. 정보는 전략적 제안으로 연결되어야 한다. 이는 인사이트Insight가 필요한 부분이다. ① 고객의 정보에 단순히 대응해서 서비스를 제안할 수도 있고, ② 고객에게 실력이 있고 믿을 수 있는 서비스를 제공할 것이라는 믿음을 어필해서 제안할 수도 있다. ③ 더 나아가 고객이 인지하지 못한 부분을 날카롭게 지적해서 거래를 유도할 수도 있다. 이 세 가지는 전적으로 우리의 실력에 달려있다. 우리의 실력이라 함은 "고객에 대한 정보"이고 "우리 스스로의 제품 또는 상품에 대한 지식"을 말한다. 여기에 전략적 관점을 얹으면 가장 효과적인 제안이 될 수 있다. 이는 거래로 연결될 확률을 대폭 높일 수 있다.

세 번째 단계는 계약Contract과 피드백Feedback이다. 이 과정은 KEDC 모델 중에 고객을 유지Keeping하고 확산Expanding하는 활동에 해당한다. 고객을 이탈하지 않도록 유지하고 확산하기 위해서는 신뢰Trust가 중요하다. 신뢰는 고객을 유지시키고 거래규모를 늘리는데 있어서 핵심이다. 영업에서 "잡아 놓은 물고기기존고객"를 관리하는 것을 등한시함으로써 고객의 이탈을 초래하는 경우가 다반사이다. 특히, 언택트 시대에서는 접촉이 쉽지 않은 상황이므로 더더욱 고객관리가 쉽지 않다. 고객관리는 콘택Contact상황이건 언택Untact상황이건 일관적으로 진행되어야 한다.

KEDC에 의한 B2B 영업활동 예시

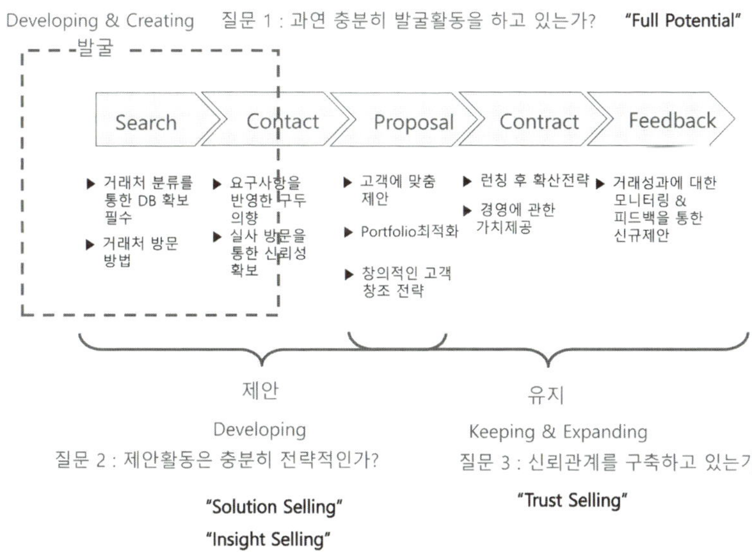

검색 사이트에서 형세판단形勢判斷, 현재의 경쟁상태를 파악하는 것을 찾아보면 흥미로운 것을 발견할 수 있다. AI인공지능의 형세판단을 다음과 같이 정의하고 있었다. "바둑에서 모양의 내부 집수뿐 만 아니라 외부에 대한 영향력을 집수로 환산해 더한 것"이라고 정의하였다.

지난 코로나 상황하에서의 영업에 대한 형세판단을 해보자. 코로나 상황은 언택트Untact라는 단어로 표현할 수 있다. 실제로 비대면 상황을 지내왔다. 비대면은 영업에 위기를 주었다. 다른 측면에서는 기회로 보기도 하였다. 그렇다면, "무엇" 때문에 기회로 보았고 "무엇" 때문에 위기로 보았는가? 온라인이니 새로운 기회가 왔다라고 할 수도 있었을 것이고 온라인 시대기 때문에 위기다라고 할 수도 있었을 것이다. 그렇다면, "구체적으로 어떤 기회를 말하는가?" "저 비용Cost Saving 판매" "온라인 상에서 고객 저변의 확대" "트랜드 선점 기회" 등을 기회로 볼 수 있다. 반면에, "구체적으로 어떤 위기였는가?"에 대해서는 "온라인 시대에 대처 못 했을 위기?" 일 것이다. 그러나, 진정한 기회와 위기는 고객으로부터 오는 기회이고 위기이다.

진정한 온라인의 위기는 "고객의 실종"이다. 온라인의 위기는 영업의 자기 합리화일 수 있다. 영업에서 고객의 실종은 대면 때도 안 만났는데 비대면이니 더 안 만난다. 온라인의 상황은 심리적 합리화를 하게 되므로 완벽한 핑계가 생긴다. 이는 진정한 위기다. 위기의 시대에 영업의 핵심역할은 신뢰Trust를 관리하는 것이다.

학습-2
훌륭한 영업인을 어떻게 만들까?

세계적인 마케팅 연구자인 필립 코틀러Philip Kotler는 영업이 "고객과의 의사소통으로서 가치를 갖는다"고 정의했다. ≪스핀 셀링SPIN Selling≫으로 잘 알려진 네일 락햄은 "고객과의 단순한 의사소통에 더해서 고객에게 가치를 부여하는 것"에 영업의 의미가 있다고 규정했다.

영업에 관한 연구는 1800년대부터 시작되어 수많은 결과를 내놓았다. 그 가운데서도 이목을 끈 것은 영업사원과 고객을 유형별로 분류하여 성과에 미치는 영향을 연구한 것이었다.

유형 분류의 의미?

수많은 연구에도 불구하고 영업사원과 고객의 유형 분류가 성과에 영향을 미친다는 뚜렷한 결과는 아직 나오지 않았다. 그럼에도 유형을 분류하는 기법이 자주 등장하는 것은 영업의 관리와 기술이 그만큼 어렵다는 반증일 수도 있고, 수많은 변수가 작용한다는 뜻일 수도 있다.

유형을 분류하는 것이 현실의 영업에 얼마나 도움이 되는가에 대한 대답은 학자마다 영업사원마다 다를 것이다. 하지만 분명한 점은 일정한 시사점을 얻을 수 있다는 것이다.

아래 그림은 영업사원을 3가지 유형으로 구분하여 비교한 것이다. 무엇을 발견할 수 있는가? 그렇다. 아래로 갈수록 그럴듯한 영업사원의 모습이 보인다. 여기에서 2가지 시사점을 찾을 수 있다.

다양한 영업사원의 분류

	분류 1 영업사원이 고객을 대하는 행동에 따른 구분(A)	분류 2 영업사원이 고객을 대하는 행동에 따른 구분(B)	분류 3 영업사원의 영업 유형에 따른 구분
1 Type	브로슈어의 내용을 그대로 설명	영업 방문객 (sales visitor)	전달자(deliver) 유형
2 Type	사업이나 경쟁에 관한 시의적절한 정보 제공	콘텐츠를 내세우는 판매자(contents seller)	주문 접수 직원 (order taker) 유형
3 Type	고객 변호	니즈를 충족시켜주는 판매자(needs satisfaction seller)	파견단(missionary) 유형
4 Type	고객에 맞춤화된 해결책 제시	믿을 수 있는 비즈니스 조언자(trusted business advisor)	기술자(technician) 유형
5 Type	미래의 문제 예상		수요 창조자 (demand creator) 유형
6 Type	전략적 변화 유도		상담 영업사원 (consultative seller) 유형

출처: 'To Increase Sales, Change the Way You Sell' by Neil Rackham, Third Quarter 2014, 48-55, IESE Insight, 등을 참고하여 정리

고객의 유형별 분류

	분류 1 고객의 특성에 따른 분류	분류 2 고객의 구매 타입에 따른 분류
1 Type	현상 방어자 (Blockers: 'anti-stakeholders') 현상 유지에 강력한 입장을 취함	Service Demander(서비스 요구자 - '갑'질) 구매를 조건으로 더 많은 것을 요구
2 Type	성취 욕구자(Climbers): 개인적 성취에 집중. 자신을 내세우고 실적을 올리는 데 집중. 프로젝트의 성공과 보상에 관심	Revenue Reversers(수익 역전자 - 배째라) 발생된 수익을 의도적 혹은 비의도적으로 다시 회수
3 Type	친구들(Friends): 'Nice Guy' 쉽게 친해질 수 있음. 기꺼이 영업사원을 도와줄 수 있는 사람	Promotion Maximizers(판촉 추종자 - 프로모션 따먹기) 물건을 한번도 제 값 주고 구입하지 않음. 할인 시에만 구입
4 Type	인도자(Guides): 조직 내 최신 소식은 기꺼이 나누는 특성	Spending Limiters(지출 제한자 - 알뜰 & 구두쇠) 소량의 정해진 양만 구입. 비교 구입 전문
5 Type	점검자(Skeptics): 거의 모든 것을 꼼꼼히 검토. 새로운 아이디어에 대해 신중히 조언을 청취하며 측정해가면서 실행	
6 Type	전파자(Teachers): 인사이트를 나누는 데 열정적. 좋은 것을 전파하려 함	
7 Type	획득자(Go - Getters): 조직 개선을 통해 동기부여 받는 사람. 지속적으로 새로운 아이디어를 찾으려 함. 큰 인사이트를 찾는 데 적극적	

출처: 도서 'Challenge Customer' by Brent Adamson등, 'The Dark Side Of Cross-Selling' by Denish Shah, December 2012 HBR 등을 참고하여 정리

첫 번째 시사점은 영업사원의 유형 분류에 (분류 2) 고객의 분류 유형을 접목하면 보인다. 예컨대 지극히 냉정하고 사무적인 관계만 바라는 고객은 이미 원하는 것이 무엇인지 명확히 정리하고 있는 부류다. 그들은 영업사원을 표준화된 상품처럼 취급하고, 그다지 영업사원을 만나고 싶어 하지도 않

는다. 가격과 편리성 중심의 구매를 하며, 채널은 직접적인 마케팅, 인터넷 채널, 광고, 다양한 고객 이벤트, 비대면 상담과 캠페인을 선호한다. 이렇게 사무적인 고객에게는 규격화된 제품과 마케팅 역량이 중요하다. 반면에 조언과 상담을 원하는 고객은 자신의 문제를 해결해 줄 실력 있는 영업사원을 만나고 싶어 한다. 영업사원으로부터 조언을 받고, 실질을 보고, 듣고 따져 구매하려 한다.

영업사원 분류는 어디에서 빛을 발할까? 그렇다. 고객과 만날 때다. 고객의 타입에 따라 영업사원의 분류가 맞아 떨어질 때 분류의 의미가 있다. 영업사원은 자신의 차별성을 명확히 하여 고객의 특성에 잘 맞출 수 있다는 것을 어필해야 한다: 자신의 가치를 정리하는 것. 또한 고객이 가장 신경 쓰는 경영성과를 정리해보는 일도 중요하다: 고객이 원하는 것을 정리하는 것. 예컨대 고객이 거래를 통해 이익을 극대화하고자 한다면 자신의 제품이 그 목적을 만들어 줄 수 있음을 충분히 말해줘야 한다. 이 2가지를 실행하는 것이 영업사원을 돋보이게 만들 수 있다.

두 번째 시사점을 살펴보자. 기업이나 고객의 입장에서는 (분류 1)의 아래쪽에 있는 영업사원이 많을수록 좋을 것이다. 그러나 현실 세계에서 그런 영업사원이 얼마나 될까? 없다면 육성을 통해 길러야 하는데, 그것 또한 만만치 않다.

필자의 연구결과에 따르면 기업의 경영자가 현장에서 활동하는 영업사원의 역량에 대해 갖는 인식의 오류가 있다. 첫째는 '영업사원은 현장에서 구르면서 배워야 한다'는 것이다. 사자가 새끼들을 절벽 밑으로 떨어뜨린

후 살아서 올라오는 새끼만 키우듯이 현장의 역경을 극복하는 영업사원을 중심으로 키워야 한다고 생각하는, 이른바 '현장생존 훈련형'이다. 둘째는 '영업사원은 제품에 대해 충분치는 않아도 잘 알고 있을 것'이라고 생각하는 '기본 제품지식 충족형'이다. 셋째는 '영업사원은 제품이나 서비스에 대해 고객에게 설명이나 제안을 잘할 것'이라고 생각하는 '기본설명 역량 구비형'이다. 이 3가지의 오류는 영업의 현안에 묻혀서 간과하기 쉬운 것들이지만, 경영자의 생각과 영업 현장의 현실 사이에 매우 큰 간격이 있다는 것을 말해준다. 또한 그만큼 영업사원을 육성하는 문제가 간단치 않은 현실임을 보여준다.

영업 현장을 개선하고자 하는 기업들은 이러한 간극을 좁히고자 확실한 원칙을 정해놓고 실행해가고 있다.

영업 현장에서의 4가지 기본 행동원칙

첫 번째 원칙은 영업사원을 영업 현장에 투입하기 전 단계의 과정이 투입시킨 후의 결과보다 훨씬 중요하다는 것이다.

글로벌 기업인 I제약회사는 전통적으로 신입사원을 훈련시키는 독특한 방법을 갖고 있다. 영업사원에게 거래처를 맡기기 전에 3개월 동안 비 거래처를 계속 방문하게 하는 것이다. 비 거래처를 방문해서 거래 의사를 타진하고 제품과 거래 조건을 설명하는 훈련을 반복시키는 것이다. 이를 통해 신규거래 개척과 함께 현장교육의 효과를 보려는 의도였다.

대부분의 사람들은 영업을 시작하면 자신의 연고부터 접촉한다. 연고를 대상으로 하는 판매는 접근과 판매의 어려움이 상대적으로 낮기 때문이다. 문제는 연고의 활용이 끝자락에 다다랐을 때다. 새로운 고객을 찾아 활동해야 하는 이때가 영업사원의 탈락이 가장 많다. 당신이 영업관리자라면 어떻게 하겠는가? 탈락하게 놔두고 다시 채용할까, 아니면 하나하나 가이드를 주고 지원해서 영업을 이어가게 할까? 탁월한 영업관리자는 어려움에 처한 영업사원에게 개척할 시장의 정보를 습득하게 하고 장기적인 관점에서 인적 네트워크를 구축하게 한다. K통신사의 한 관리자는 "제가 맡은 지역에서 하루도 빠짐없이 지역을 돌며 상인들과 사람들에게 인사를 했다. 꾸준하고 일관적인 지역순회는 안면을 트고 지역사회에 녹아 들어가는 데 큰 힘이 되었다. 이런 현장 경험이 영업을 하는 데 큰 도움이 되었다"고 말한다. P사에서 20년간 건강식품을 판매한 영업책임자는 신입사원을 훈련시키고 성장시키는 데 3가지 원칙을 철저히 이행했다. '활동할 곳이 없다고? → 내가 다 봐두었다', '판매가 어렵다고? → 내가 시범을 보여주마', '쑥스럽다고? → 내가 동행해주마'의 3가지다. 다른 설명이 필요 없을 만큼 알기 쉽다. 물론 더 중요한 다음 단계가 있다. 이 3가지를 그대로 해보는 것이다.

H통신사는 성공하는 영업사원들의 특성에 대한 조사를 실시했다. 결과를 분석해보니 '언제나 고 성과를 올리는 영업사원의 공통된 특징 중 하나가 영업에 투입되기 전에 고객과 접촉하는 부서에서 일정 기간 이상 근무한 경험을 보유하고 있는 직원'이라는 사실이 드러났다. 회사는 이 점에 착안하여 영업 현장에 투입하기 전에 고객과 접점이 있는 부서에서 일정 기간 근무하게끔 경력관리시스템을 적용하고 있다.

좋은 성과는 그냥 나오지 않는다. 사전훈련과 경험이 절대 필요하다. 아직도 영업사원들을 뽑자마자 현장에 투입하여 구르면서 영업을 배우도록 하는 기업들이 있는데, 무책임하고 비생산적인 방식이다. 영업은 고객 접촉의 불안감을 떨치는 것에서 출발한다. 영업사원으로부터 보다 나은 성과를 기대한다면 거래처를 맡기기 전에 고객 접촉의 양과 폭을 늘리는 훈련부터 많이 시켜야 한다. 너무도 당연해 보이지만, 이를 지키지 않는 기업이 적지 않다.

두 번째 원칙은 제품과 상품에 대한 지식을 철저히 습득시킨 후 현장에 투입한다는 것이다.

모든 기업에서 제품교육을 실시하지만, 영업사원이 기대만큼의 제품지식을 갖추지 못하는 경우가 많다. 이 같은 문제를 없애기 위해 K제약회사는 교육기간 내에 매일 아침 제품시험을 치른다. 또한 단순한 제품교육에서 벗어나 각종 상황에 맞게 제품을 제안하는 시험과 훈련을 반복해서 실시한다.

영업사원의 성과에 관한 인과관계를 분석하는 각종 연구결과에서 저 성과자들에게 나타난 공통적인 특징은 제품지식의 부족이다. 제품을 제안하는 역량도 현저히 떨어진다. 소비재 업체인 P사는 이 점을 감안하여 영업관리지침으로 저 성과자들에게 '그날의 상품'을 한 가지만 선정하여 제안할 거래처를 뽑게 한 후 어떤 방식으로 제안할 것인지를 정리하고 실행하게 한 후 피드백을 제공한다. 숙달될 때까지 이를 반복시킨 다음 활동하도록 관리하고 있다. 짧은 시간에 상품지식을 완벽히 습득하고 소화하기 어려운 현실을 반영한 지침이다.

세 번째 원칙은 제품 설명의 기본 틀을 준수하게 한다는 것이다.

루이스 암브로소Louis D' Ambrosio 전 시어스 홀딩스 CEO는 "아무리 좋은 얘기도 전달하지 않으면 소용이 없다. 뭔가를 조직 내에 스며들도록 하려면 적어도 열 번 이상은 얘기를 반복해야 한다"고 말한다. 제품지식을 잘 습득하는 것도 중요하지만 그에 못지않게 중요한 것이 고객에게 제품을 설득력 있게 설명하는 일이다. '제품이 좋으면 고객이 열광할 것이다. 고객은 우리 제품이 얼마나 좋은지 잘 모를 것이니 이를 내가 일깨운다'는 식의 영업은 '우리 것이 좋다'는 생산자 중심의 교육이 낳은 결과다. 고객이 제품을 통해 얻게 되는 경제적, 비경제적 이익을 명확히 하는 데 초점이 맞춰져야 한다. 누구에게 권할 것인지Target, 권하는 대상에 적합한 핵심 기능은 무엇인지Feature, 핵심 기능이 경쟁 제품과 비교하여 갖고 있는 우위가 무엇인지Advantage, 고객이 가질 수 있는 이익은 무엇인지Benefit를 기반으로 세일즈 토크를 구성하는 것이 좋다. 이 4가지 틀에 맞추어 세일즈 토크를 만들고 반복해서 습득하고 구현하여 판매할 수 있게 해야 한다. 이를 '가치 제안value proposition'이라고 한다. 설명력을 높이는 기술은 따로 없다. 제품에 대해 완벽하게 파악하여 설득력 있게 전달하는 기술을 반복적으로 적용하는 것이다. 내가 아닌 고객의 입장에서 말이다.

네 번째 원칙은 상황에 대한 이해를 바탕으로 거래 원칙을 정하는 것이다.

개념적으로는 맞는 말이지만 실행하기엔 어려운 것들이 있다. '상생'이라는 말도 그렇다. 백 번 맞는 말임에도 정작 어떻게 실행해야 할지는 미지수다. 성과로 평가받는 조직에서 나만의 성과를 올리는 것도 벅찬데 상생까지 해가면서 성과를 낸다는 것은 여간 어려운 일이 아니다. 하지만 상생의 본질은 어느 한 쪽이 먹을 파이를 쪼개서 다른 한 쪽과 나누는 것이 아니다. 서로 힘을 합쳐 각자의 역할을 정하고 실행하여 그 결과로 공동의 목표를 달성하는 것이다. 상생이 필요한 대표적인 경우가 본사와 대리점이다.

전자기기 렌탈사업을 하는 T사는 전국적인 대리점 조직망을 운영하고 있다. 본사는 지역별로 지사를 운영하고 영업사원은 각 지사에 소속되어 있다. 영업사원 1인당 10개 정도의 대리점을 맡아서 관리한다. 이와 같은 구조에서 본사가 성장하려면 대리점 하나하나의 성장이 뒷받침되어야 한다. 또한 대리점이 성장하려면 신규고객이 늘어나거나 기존고객이 더 충성스러워져야 한다. 그렇다면 상생을 위해 구체적으로 무엇을 해야 할까? 대리점을 관리하는 영업사원들이 다음의 5가지 질문에 자신 있게 답할 수 있어야 한다.

첫째, 영업사원이 자신이 취급하는 제품지식을 완벽하게 알고 있는가?

둘째는 제품을 고객에게 또는 대리점주에게 자신의 제품을 설득력을 갖고 체계적으로 설명할 수 있는가?

셋째는 대리점의 경영상황을 디테일하게 꿰고 있는가?

넷째는 대리점주 또는 대리점 소속 영업사원이 고객과 만나서 어떻게 활동하고 있는지를 아는가?

다섯째는 고객은 어떻게 구성되고 제품의 구입활동을 어떻게 결정하고 실행하는지를 알고 있는가?

이 5가지를 확실히 알아야 하고, 고객 확대와 충성도를 올리는 실천이 따라야 상생이라는 말이 의미를 가질 수 있다. 상생은 이러한 영업사원의 노력과 실천을 통해 달성될 수 있는 것이다.

영업은 정보와 돈 이상의 무엇이다. 즉, 하나의 예술이다. '영업사원은 태어나는 것이 아니라 만들어지는 것'이라는 명언처럼 좋은 영업사원은 예술가처럼 갈고 닦는 과정의 산물이다.

누가 누가 잘하고 있을까?

"우리 영업 팀에는 5명의 영업사원이 있습니다. 그런데 다 각각의 특색이 있지요. A는 차분한 사람입니다. 성격처럼 꼼꼼하고 조금씩 조금씩 매출 목표를 향해 가는 스타일입니다. 항상 목표를 달성하는 믿음직한 사원입니다. B는 말로 목표를 달성하는 스타일입니다. 그 친구는 언제나 자신 있게 말합니다. 목표를 150% 이상 달성할 것이라고 큰소리를 치고 다닙니다. 하지만 안타깝게도 자신감과 실적이 반비례합니다. 단 한 번도 목표를 달성하는 것을 보지 못했습니다. C는 B처럼 큰소리를 치며 자신 있게 목표를 달성할 것이라고 단언하며, 실제로 목표를 달성합니다. 놀랍습니다. 참으로 믿음직한 친구입니다. D는 A처럼 차분합니다. 조용한 영업사원이지요. 그런데 목표 달성은 못합니다. 많은 조언을 해주고 도와주기도 하지만 목표에는 항상 미달합니다. E는 특징이 없습니다. 목표를 달성했다가 못했다가 합니다. 목표를 달성하겠다 싶으면 자신감을 표출하지만 그렇지 못하면 조용합니다."

어느 제약회사의 영업소장이 영업사원들을 평가한 내용이다.

경영자들은 영업사원을 어떻게 하면 더 효과적으로 관리할 수 있을까에 늘 관심을 가져왔다. 생산 현장은 기계나 설비 같은 부동의 대상물을 상대하므로 정해진 룰에 따라 지속적으로 개선하면 품질의 변화를 가시적으로 파악할 수 있는 반면에, 영업 현장은 그렇지 않다. 사람이 하는 일이고 수많은 고객을 상대하다 보니 변수도 많고 상황도 가변적이다. 이 때문에 개별성이 영향을 미치기 쉽다. 딱히 무엇이라 규정하기가 어렵다. 영업사원도 마찬가지다. 현장의 영업 스타일이 제각각이라서 관리하기가 애매하다.

그렇다면 A, B, C, D, E 중에서 누가 최고의 영업사원일까? 누가 영업을 하면 안 되는 사람일까? 5명의 작은 샘플이지만 유형화하여 분류하면 2가지 잣대가 나올 수 있다. 하나는 목표에 대한 자신감이고, 다른 하나는 목표의 달성 정도다. 그러면 다음과 같은 매트릭스를 만들 수 있다.

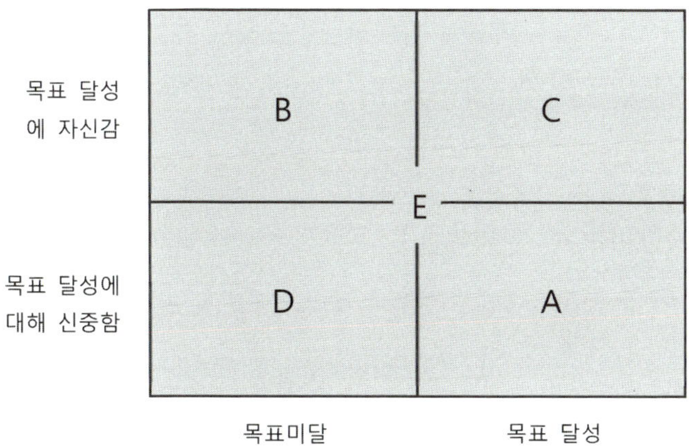

위의 매트릭스에 영업사원 5명을 특징별로 적용해보면 어떤 결과가 나올까?

아마도 최고의 영업사원은 C나 A일 것이다. 목표를 달성하기 때문이다. 경영자와 영업관리자가 좋아하는 영업사원이다. 그러면 최악의 영업사원은 누구일까? E는 아닐 것이다. 주위에서 흔히 볼 수 있는 영업사원의 모습이 말이다. B와 D는 어떤가? 누구를 최악으로 꼽겠는가? 둘은 실적이 좋지 않으나 각각의 특징이 확실하다. B는 공수표를 남발하는 타입으로 조직의 분위기상 나빠 보이지 않을 수 있다. 반면에 D는 자신이 없어 보이지만 신중하다. 당신이 경영자나 영업관리자라면 어떻게 하겠는가?

영업사원이 갖추어야 할 기본 역량으로 '5C'가 있다. Consulting고객의 비즈니스를 컨설팅해주는 역량, Counseling고객의 키맨에게 자문해줄 수 있는 역량, Control고객을 적절히 통제할 수 있는 역량, Coordination고객과 본사, 고객과 고객을 조정해줄 수 있는 역량, Communication고객이나 본사와 소통할 수 있는 역량이다. 이에 비추어보면 영업사원의 어떤 점을 격려하고 어떤 부분을 보완해줄 것인가를 알 수 있다.

A는 목표를 달성하면서도 늘 신중한 사원이다. 어느 경우에나 큰소리치는 법이 없다. 고객에게도 섣부른 약속을 하지 않는다. 지킬 수 있는 약속만 한다. A는 Counseling, Coordination, Control 순으로 역량을 가지고 있다. 침착한 영업사원이라 할 수 있다. 차분하지만 전략적 성향도 다분히 있는 영업 직원이다. 향후에는 영업기획, 영업전략을 할 수 있는 자리가 적합한 직원일 것이다. 현재의 영업역량에 더해서 전략적, 관리적 역량을 키

우는 것이 필요하다.

C는 A처럼 목표를 달성하지만 A와 다르게 적극적이고 활달한 사원이다. 목표에 대한 자신감이 넘치는 슈퍼 세일즈Supersales이다. 고객의 문제에도 적극적으로 개입하며, 다소 무리가 따르더라도 해결해주려고 한다. C는 Consulting, Control, Communication 순으로 역량을 보유한 사람이다. 보다 큰 목표와 단계 별로 도전적인 목표를 적절히 부여할 필요가 있다. 인센티브도 상한선이 없는 것이 중요하다. 향후에는 영업총괄 관리자로 양성할 재목이다.

B는 매사에 적극적이고 목표에 대해서도 자신감에 차 있다. 그러나 목표는 달성하지 못한다. 약속 대비 낮은 성과를 보이는 것을 일컬어 '지키지 못할 과도한 약속over commitment under delivery'이라고 한다. 고객과 관계가 위험할 수 있다. B는 Control, Communication 역량이 뛰어날 수 있으나 영업을 계속하게 할 것인지 생각해 볼 필요가 있다. 맡은 거래처의 문제가 있을 수 있을 것이지만 과도한 약속 대비 낮은 성과를 보이는 직원이다. 이를 '지키지 못할 과도한 약속'Over Commitment Under Delivery이라고도 한다. 고객에게는 어떨 것 같은가? 아마도 위험성이 많을 듯 하다. 지킬 수 없는 약속을 할 수 있기 때문이다. B에게 어떤 가이드를 주고 싶은가? 이런 스타일에는 가이드를 하기 이전에 앞서 영업을 계속 시킬 것인지를 생각해 볼 필요가 있을 것 같다. 성격상으로는 둘 중의 하나이다. 아주 긍정적인 사람이거나, 과대포장에 익숙한 성격이다. 긍정적인 경우에는 역량교육이 절대적으로 필요하다. 시간을 충분히 줄 수 있는 영업영역을 부여할 필요가 있다. 단

계별로 도달하기 쉬운 목표를 부여하고 다음 단계로 이행하도록 하는 것이 필요하다. 과대포장에 익숙한 성격인 경우는 영업사원으로서는 위험하다. 싫증을 쉽게 낼 수 있고 고객으로부터 신뢰를 쉽게 상실하기 때문이다. 이러한 사람을 선별하는 것은 인사관리의 또 다른 포인트가 될 것이다.

D는 활달하지도 않고 목표도 달성하지 못한다. 영업사원으로서의 적격성을 검토해야 한다. 다른 직무로의 전환을 심각하게 검토해야 한다.

E는 가장 많이 볼 수 있는 유형의 영업사원으로 관리자들에게 많은 고민을 안겨준다. 관리하기에 따라 훌륭한 영업사원으로 만들 수도 있고, 탈락 대상이 될 수도 있기 때문이다. 주의할 점은 빠른 시간 내에 우수한 영업사원으로 만들기 어렵기 때문에 관심을 놓쳐버릴 수 있다는 것이다. 우선적으로 E의 강점을 파악하여 강화할 방법을 찾을 필요가 있다. E 유형이 보이는 큰 특징 중 하나인 민감도에도 주목할 필요가 있다. 민감도는 조직 외 민감도와 조직 내 민감도로 나눌 수 있는데, 조직 외 민감도는 영업사원으로서 필히 가져야 할 부분이다. 예를 들어 고객을 어떻게 대할 것인가를 궁리하여 고객이 바라는 가치를 제공하고 대화 시 고객의 변화를 살피는 촉을 높이는 것이다. 고객에게 설명하는 방식을 찾고, 경쟁사의 행동을 살펴 적절한 대응 전략을 세우는 일도 여기에 포함된다. 조직 외 민감도에 주목하면 E 타입의 영업사원을 효과적으로 유도할 수 있다.

반면에 조직 내 민감도는 주의해서 다룰 필요가 있다. 영업사원이 조직 내 자신의 위상이나 다른 구성원들의 포지션 변화에 관심을 쏟는 정치적 민감도가 대표적이다. 겉으로 보이는 현상의 이면이나 의도에 지나치게 신경을 쓰는 일이 곧잘 발생한다. 본사의 의도대로 움직이게 만드는 시책을 수립할 때나 새로운 인센티브제도를 도입할 때도 이러한 민감도가 높아진다. 본질은 채널이나 영업사원의 행동 변화를 유도하는 것임에도 사람을 돈으로 움직이려 한다는 등 다른 저의가 있다는 식으로 받아들인다면 신뢰를 가질 수 없을 것이다. 영업관리자가 경계해야 할 부분이다.

서울과학종합대학원 영업혁신 센터에서는 2019년 하반기 제조사 중에 유통 채널을 통한 영업활동을 하는 본사 영업부 직원 12명, 영업기획과 지원을 담당하는 직원 12명, 대리점 대표 12명, 총 36명을 대상으로 영업의 거래 유형을 분석하고 그에 맞는 해법을 찾아보았다.

영업사원들은 모두 4가지 유형으로 구분할 수 있었다. 첫 번째 유형은 '신뢰에 기반한 거래에 대한 강력한 서포터형Supporter Type'이다. 아무리 비싼 다이아몬드일지라도 신뢰만 있으면 계약서 없이도 거래를 진행하는 뉴욕의 유태인과 같은 유형이다. 믿음 위에서 거래하는 것이다. 반대로 신뢰가 없으면 모든 것이 무용지물이다. 두 번째 유형은 '신뢰에 기반한 거래는 주고받는 것이 있어야 한다'는 '주고받기형Give and Take Type'이다. 거래의 기본은 주고받기이므로 서로의 대가가 명확해야 하며 둘 사이에 균형이 있어야 한다. 이를 명문화함으로써 거래가 이루어진다고 생각하는 유형이다. 세 번째 유형은 '거래는 기본적으로 기회주의적 행위이므로 명확한 조항이 필요하다고 주장하는 '거래 냉소주의 형Cynicism Type'이다. 신뢰는 계약서로 입증되어야 하며 분쟁 방지를 위해 다양한 예외조항까지 감안하여 계약을 체결해야 한다고 말한다. 네 번째 유형은 '신뢰에 기반한 거래는 곧 책임감에 기반한다'고 생각하는 '충신형Loyalist Type'이다. 이들은 거래도 하나의 책임에 기반하므로 책임감이 있어야 신뢰도 쌓을 수 있다고 이야기한다. 관계형 거래를 중시하는 유형으로 한국 사회에서 흔히 볼 수 있다.

당신이라면 누구와 거래하고 싶겠는가? 대부분은 서포터형을 지향할 것이다. 믿고 거래하는 것을 추구한다. 그 다음은 주고받기형이며, 냉혹한 현실에 비추어 철저한 계약에 치중하는 거래 냉소주의 형이 그 뒤를 잇는다. 그런데 계약서는 형식으로만 존재할 뿐 관계에 의해 거래가 지속되는 경우가 다반사다.

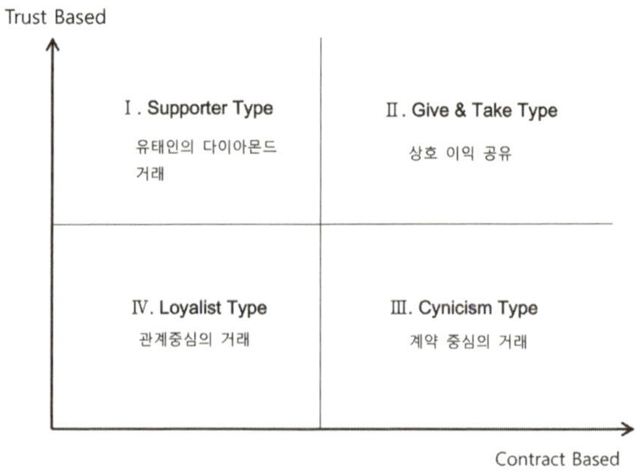

위 그래프에 현재 영업사원의 유형을 적용하면 어디에 속하는가? 이에 따라 영업 정책이나 영업 비용, 영업사원 관리의 틀이 정해지는 것이다. 각각의 거래 유형에 따라 관리 기준과 방향을 정리하면 다음의 표와 같다.

유형	추구 방향	영업 정책의 적용	영업 비용의 사용	영업사원 관리 방식
Supporter Type	타입 유지	좋은 품질의 제품과 거래처 중심의 정책	제품 설명에 필요한 도구와 관련한 비용	거래에 따른 신뢰 구축, 정직한 영업사원 훈련 특히, (거래 투명성과 직업적 정직성에 대한 훈련이 필요하다.
Give & Take Type	타입 유지, 발전	목표의 명확화	거래조건 개선에 필요한 비용 집행, 새로운 Give & take의 협력적 개발 즉, 상호 신뢰 하에서 장기적 관점의 협력모델을 만들어 가는데 집중 사용해야 한다.	협상가 양성, 영업 정책에 대한 설명력 향상에 집중해야 한다. 특히, 제안영업에 적합하다. 가치제안(Value Proposition)을 전략적으로 개발하는 훈련이 적합함
Cynicism Type	Give & Take	계약의 철저한 이행	계약 이행과 관련한 비용	계약과 관련한 행동 준수, 예외적 행동의 엄격한 통제
Loyalist Type	Give & Take or Supporter	목표의 명확화 & 시너지 중심 정책의 개발	Give & take의 역량 개발 유도	개인기 중심의 관계 관리에서 탈피하여 Give & take 영업으로 변화 유도, 제안 영업의 훈련 및 적용

학습-3

영업사원의 급여와 보상

기업들은 대체적으로 영업사원에게 지급하는 보상을 2가지로 구분한다. 하나는 돈이고, 다른 하나는 마음이다. 돈은 강한 힘을 갖고 있다. 금전적 보상은 행동뿐만 아니라 영업 태도에도 영향을 미친다. 목표에 대한 생각을 바꾸는 요소로 작용하기도 한다. 목표 달성의 가능성을 높여주는 것만이 아니라 목표를 달성할만한 가치가 있다는 믿음을 주기도 한다.

적절한 보상은 반드시 필요하다. 기업이 원하는 행동을 하게 만드는 방법으로 보상만 한 것이 없다. 그러나 영업 현장은 변화무쌍한 곳이라서 보상에 관한 연구는 아직도 부족한 부분이 많다. 카멜레온과도 같은 영업이 동일한 보상에도 환경에 따라 다르게 반응하기 때문이다. 어떻게 하면 좋을까?

금전적 보상

영업사원을 대상으로 보상에 쓰이는 돈은 2가지로 나눌 수 있다. 하나는 고정적으로 지급되는 임금이고 다른 하나는 인센티브매출 또는 이익의 몇 %와 보너스할당량을 달성 시 지급를 포함한 금액이다.

심리적 보상

돈 외에 지급되는 보상으로는 다음과 같은 것들이 있다.

비물질적 이익(승진, 직함 부여, 직업만족도 향상 및 내부 보상 예컨대, 간단한 포상이나 상징물 수여, 명예의 전당)같은 것을 말한다.

아래 사진은 일본의 어느 건강식품기업에서 판매왕을 동판에 새겨서 전시한 사진이다. 비물질적 이익으로 보상하는 것은 판매집단의 정신적인 동기부여에 도움이 될 수 있다.

인식과 칭찬

캘로그 경영대학원의 애덤 웨이츠 교수는 "공정성, 투명성 자체가 보상이다. 이는 보너스 이상으로 효과가 있다"면서 비금전적 보상으로 인센티브를 재설계하라고 조언한다. 외적이고 단기적인 보상보다는 자율권이나 가치 창출의 기회를 줌으로써 내적이고 장기적인 동기 요인이 되도록 설계하라는 말이다.

사람들은 소득 극대화만 생각하며 살지 않는다. 수많은 행동경제학 연구에서 이를 입증하는 결과가 나오기도 했고, 경영자들 또한 승진, 지위 등 비금전적 요인의 중요성을 잘 알고 있다. 지금까지 나온 다양한 포상제도들을 보라. 기업이나 친목단체에서 개최하는 체육대회나 골프대회만 봐도 그렇다. 일등에게만 시상하지 않고 페어플레이 등과 같은 각종 명목으로 참가자들에게 상을 준다. 인정과 칭찬, 격려의 중요성이 크기 때문이다.

영업사원들도 비물질적 이익이나 긍정적 인식에 강한 동기부여를 받는다. 보상을 연구하는 전문가들은 직업만족도가 돈을 비롯한 외적 보상보다 성취감 같은 내적 보상이 더 강력하게 작용할 수 있다는 사실을 속속 입증해 내었다. 예컨대 근로조건복지, 위생, 시설 등이나 기업의 전략과 비전, 동료와의 관계 같은 요소들은 구성원들에게 만족도를 높여 하나의 목표로 나아갈 수 있게 해준다. 직원만족도를 높여주는 동기부여 요소 들은 노동 자체가 주는 성취감, 의무감, 발전의식, 성장의식, 노동 자체의 즐거움 등이다. 다음 그림은 이와 같은 직업 태도에 영향을 미치는 요소들을 보여준다.

직업 태도에 영향을 미치는 요소

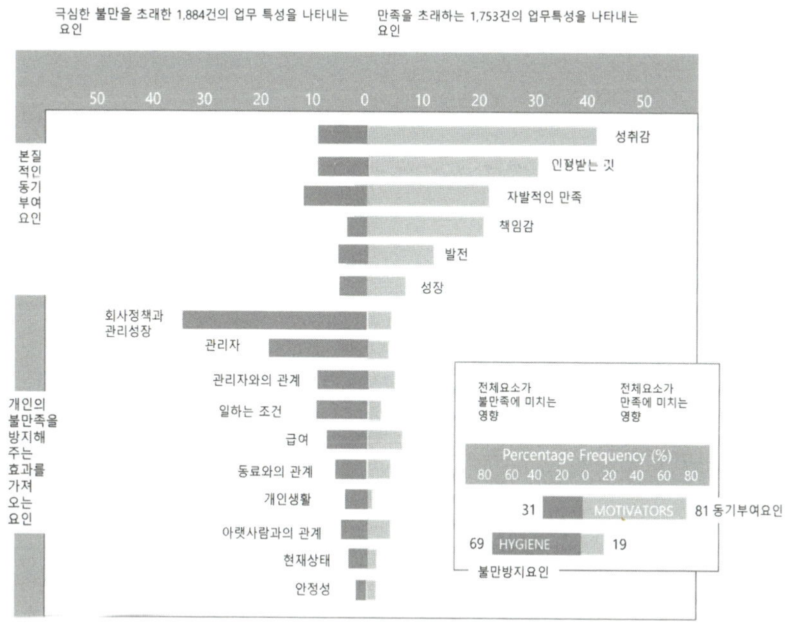

출처: Sales force Design and Management, Doug J. Chung, Das Narayandas, HBR, 2014)

최고 수준의 영업사원들은 보다 뚜렷한 보상의 가치관을 보유하고 있다. 어떤 전문가가 최고 영업사원이 일반 영업사원과 다른 이유를 조사하던 중에 나타난 결과는 놀랍게도 영업사원에게 금전적으로 지급되는 성과급이 아니라는 것이었다. 오히려 최고 실적을 나타내는 영업사원은 그들이 매일 했던 업무 목적 그 자체에 크게 영향을 받았다. 또 어떤 연구에 따르면 영업사원들 대부분은 취업 초기에 승진이나 더 좋은 직함을 얻기 위해 더 노력을 하는 것으로 나타났다. 단순히 급여 때문에 일하지 않는다는 것이다.

학습-4
영업비용 사용

투입과 산출, 결과와 과정, 조건과 무조건

기업에서 사용하는 비용에는 저마다 뚜렷한 목적성이 있다. 일례로 채널 관리에 들어가는 돈은 '거래에 투입되는 비용trading expense'이라는 이름을 붙인다. 반면에 기업이 채널을 거치지 않고 최종 고객에게 직접 커뮤니케이션을 하기 위해 쓰는 돈이 있는데 '마케팅 비용Marketing Expense'이라고 한다.

목적을 두고 사용한 돈에 대한 평가는 사용이 투명할 때 의미를 갖는다. 많은 기업에서 어마어마하게 사용되는 영업비용의 경우는 더욱 그러하다. 유통과 영업이 각기 다른 환경을 갖고 있으므로 평가는 명확한 관리의 관점이 필요하며, 올바른 평가는 올바른 기준에 의해 가능하다. 또한 올바른 기준은 예산 투입의 세부 항목과 명백한 정의에 의해서 가능하다.

모든 경영활동은 투입 대비 산출로 판가름 난다. 투입은 전략의 결과이고, 산출은 성과로 나타난다. 성과를 측정하는 것이 평가다. 확실한 평가를 하고 싶은가? 그렇다면 사용한 돈에 꼬리표를 붙여야 한다. 사용한 돈이 뚜렷하고 상세하게 드러나야 한다. 꼬리표의 전제는 '더 써도 좋으니 성과와 관련 있게 쓸 것'이라는 비용 사용의 원칙이다. 비용과 성과가 상세하게 손익계산에 나타나야 하고 이를 영업사원이 인지할 수 있어야 한다.

그렇다면 보상은 무엇일까? 보상은 평가에 목적성미래 관점의 동기부여, 과거 관점의 칭찬과 보답을 더해서 주는 시상이다. 하지만 간단치가 않다. 성과를 만들어내는 과정에 기반을 둘 것인가, 결과물인 실적에 기반을 둘 것인가부터 문제다. 대부분은 과거의 성과에 기반한 보상에 치중하지만 미래를 생각하면 과정을 소홀히 할 수 없다. 과정에 기반을 둔 보상시스템에서는 관리자의 감독과 영업 방법에 대한 개입이 요구된다. 영업사원이 무엇영업활동, 고객서비스, 영업비용 관리 등을 했는가를 살피는 것이다. 이 두 가지를 효과적으로 융합할 수 있는 방법은 뭘까?

'당신을 향한 나의 마음은 무조건 무조건이야'라는 노래 가사가 있다. 비즈니스에서도 무조건이 있을까? 답은 '있다'이다. '상식적으로 비즈니스에 무조건이 어디 있어?'라며 의아해할지도 모르지만, 분명코 있다. 그렇다면 어떤 경우가 조건이고, 어떤 경우가 무조건일까? 간단하다. 성과와 관련 있게 지출되는 돈은 조건이 있는 것이고, 성과와 무관하게 집행되는 돈은 무조건적으로 사용되는 돈이다. 조건과 무조건의 구분경계는 상황에 따라 변할 수 있다. 이는 수학적인 공식에 의한 판단이나 과학적 분류에 의해 나누어지지 않는 경우가 많다. 하지만 관리적으로 볼 때 보다 쉽게 판단할 수 있다. 예컨대, 관행적으로 지급되던 유통 지원금이나 샘플의 관행적 지급, 제품의 하자가 없거나 다른 조건 없는 반품의 수용 등이 여기에 해당한다.

사례를 들어보자.

소비재를 생산해서 판매하는 A사와 B사는 영업비용 전체 지출의 전략적 분류를 진행했다. 모든 영업비용에 대해 조건적conditional 인지의 여부를 구분하여 비용 집행의 효율을 높이고자 분류를 시도했다. 두 기업 모두 한정된 예산을 보다 효율적이고 효과적으로 배분하여 성과와 관련 있게끔 집행할 수 있게 계정을 세분화했다. 또한 무조건적unconditional 으로 사용되는 비용을 최대한 조건을 붙여서 집행될 수 있도록 관리했다. A사와 B사가 어떻게 진행했는지 살펴보도록 하자.

A사 영업비 사용의 전환 전략

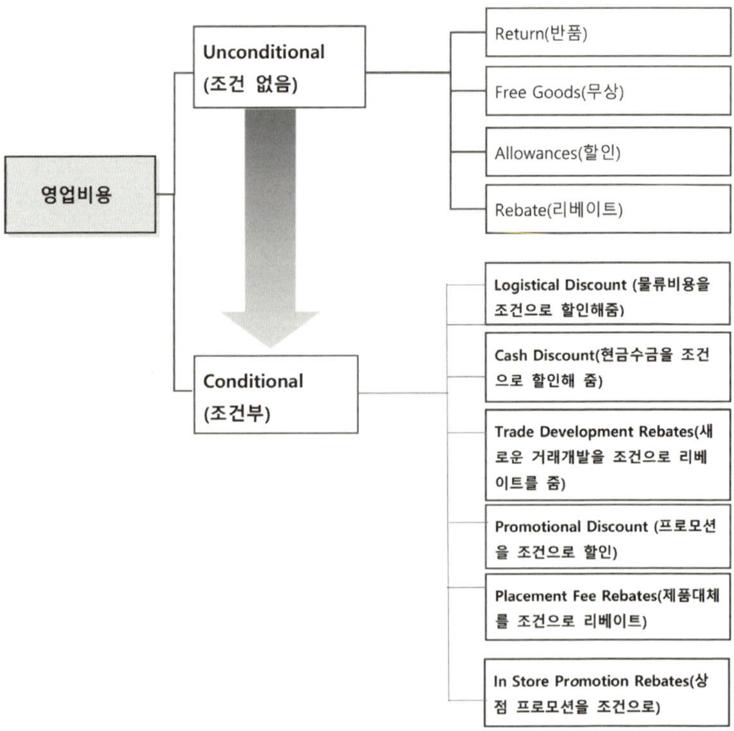

A사는 조건 없이 영업현장에서 진행되어 온 관행들이 있었다. 예컨대, 제품의 하자가 없음에도 불구하고 아무런 사유 없이 반품을 받아주었다던가, 단순히 관계의 유지를 위해서 무상으로 제품을 주는 경우, 특별한 사유 없는 제품의 할인, 관행적으로 지급해 왔던 리베이트 등 이었다. A사는 영업현장의 과학적인 분석을 통하여 물류의 담당을 누가 하는가, 수금을 현금으로 하는가, 새로운 거래를 터 주는가, 프로모션을 새롭게 진행하는가, 경쟁사 제품을 대체해 주는가 등에 대해 리스트를 만들었다. 이 경우에 한하여 가격할인, 리베이트, 무상제품 등의 집행을 하였다.

반면, B사는 영업 관리체계의 혁신을 통해서 영업비용을 관리한 사례다. "모든 비용은 투명하게 나타나야 하고, 나타나야 관리를 할 수 있다"는 방침에 의한 것이었다. 아래는 B사의 영업관리를 위한 손익계산서이다.

B사의 내부 관점의 관리를 위한 손익계산서

Gross proceeds of sales (GPS) 총 매출

General price reduction – (1) 가격 할인

TE 영업비용

Performance trade expenses – (2) 성과 관련 영업비용

Non Performance trade expenses – (3) 성과 무관 영업비용

Cash discount to customers – (4) 현금 할인

Net NPS 순 매출

Total variable expenses 총 변동비

COGS (Own manufacture) COGS (Purchased 3rd parties) COGS (Purchased IG) 원가

Export subsidies

Variable distribution cost (VDC) 변동성 유통비용
Commission to agents/salesmen – (5) 커미션
Other variable expenses 기타 변동비

Marginal contribution 공헌이익

B사의 (1)에서 (5)까지는 모두 영업활동에 들어간 비용이다. 어떤 것은 성과와 연동되어 있고 어떤 것은 그렇지 않다. B사는 각 영업본부의 성과를 이러한 손익계산 체계를 통해 관리하고 있다.

A사와 B사의 공통점은 무엇일까? 그렇다. "영업비용에 관한 한, 더 써도 좋으니 성과와 관련 있게 쓸 것"이라는 것이다. 관리적 측면에서 본다면 "각 영업본부장은 자신이 담당하는 영업에 관한 한 명확히 손익의 구조를 알고 있는 상태에서 영업전략을 구성하라"는 것이다.

돈에 꼬리표를 다는 이유는 경영자가 알고자 하는 부분을 명시하려는 것이다. 예를 들어보자.

한 기업의 영업부서에서 성과를 올리기 위한 프로모션을 기획했다. 기획안을 본 경영자가 과거의 경험을 상기하고는 다음과 같이 질문했다.

"기획안을 보면 프로모션으로 3억 원의 추가비용을 쓰는 것으로 되어 있습니다. 예전에도 비슷한 프로모션을 진행했었는데, 당시에만 반짝하고 매출이 올랐습니다. 제가 묻고 싶은 것은 2가지입니다. 첫째, 프로모션을 하지 않았을 때보다 얼마만큼의 효과가 있는지 설명 바랍니다. 둘째, 프로모션 즈음에만 일시적으로 매출이 올라간 다음에는 매출이 저하되는 현상

이 나타났습니다. 이에 대한 방안은 무엇입니까?"

영업부서에서 뭐라고 답했을까? 당신이라면 어떻게 하겠는가? 사용된 돈은 어떤 명목이든 측정해야 한다. 올바로 측정해야 평가가 가능하고 보상이 가능하기 때문이다.

일반적으로 영업 현장에서는 프로모션의 효과를 2가지 지표로 측정한다. 매출 관점에서 PSIPromotion Sales Index. 프로모션 시 증가된 매출 효과 측정가 사용되고, 이익 관점에서 PERPromotion Efficiency Ratio. 프로모션 시 투자비용 대비 증가된 수익 측정이 사용된다. 실제 경영에서는 이보다 더 다양한 측정 수단이 동원된다. 여기서 한 가지 유의할 점이 있다. 측정을 위한 관리에 너무 신경을 써서 오히려 평가가 성과를 흔드는 일이 발생할 수 있으니 경계해야 한다는 점이다.

학습-5
새로운 보상체계의 계획

과거는 묻지 마세요

기업들을 살펴보면 영업사원의 과거 실적만 평가하고 앞으로 올릴 성과에 대해서는 예상만 할 뿐 거의 알지 못한다. 이 때문에 잠재력 있는 영업사원을 과소평가하는 경우가 종종 발생한다. 이 같은 문제를 해결하려면 영업사원의 미래 가치를 예측할 수 있어야 하는데, 영업사원이 받았던 교육과 인센티브 유형, 성과를 하나로 정렬해보면 누가 앞으로 가장 유능한 영업사원이 될지 파악할 수 있다. 영업사원의 미래 가치를 제대로 평가하면 성과를 극대화하는 방향으로 교육과 인센티브를 적절히 조정할 수 있다. 최근에는 예측된 미래의 성과를 구체적인 교육 및 인센티브 유형과 연결해 투자를 최적화할 경우 어떻게 매출이 상승하는지에 관한 연구도 활발히 이루어지고 있다. 사례를 들어보자, 영업채널의 유형은 매우 다양하다. 이를 BtoC, BtoB, BtoD등으로 대 분류할 수도 있지만 세분 채널로 나누어 봐야 한다. 예컨대, BtoB에도 세분 채널의 유형이 있다. 미래의 성과를 정의하고 세분 채널에 맞는 필요역량, 필요교육, 목표의 부여와 인센티브 유형의 설계를 인덱스로 만들어서 재정리해야 한다. 즉, 각 세분 채널의 특성에 따라서 영업 직원이 필요로 하는 역량, 자세, 지식, 심리 등이 재정의되어야 한다.

균형을 잡아 주세요

어느 소비재 기업의 영업조직에서 부상 방식에 대한 직원들의 불만사항을 조사했더니 지나치게 높은 목표, 담당 지역, 형평성, 팀 동료의 성과 등으로 나타났다. 이처럼 영업사원들은 저마다 불만도 다르고 부여되는 동기도 상이한 존재다. 이에 따라 기업들은 여러 요소를 두루 반영한 균형 잡힌 보상체계를 설계하게 되었고, 더 큰 호응을 얻기 위해 다소 복잡해도 많은 변수를 고려한 평가 방식을 택하고 있다. 어떤 은행에서는 평가의 룰이 책으로 한 권인 경우도 있다.

기업 경영에서 마주치는 평가와 보상의 어려움은 3가지다. 첫째, 개별화된 평가와 보상 방식 실행의 어려움이다. 영업사원들이 커피 자판기 앞에서 만나 이야기를 나누다가 보상액을 공유할 경우 어느 한쪽이나 양쪽 다 불만을 느낄 수 있다. 이를 '자판기 효과'라고 하는데, 이 때문에 많은 기업에서 개별화된 보상체계는 많이 사용하고 있지 않다.

둘째는 형평성에 대한 부담이다. 어느 분야든 성공에는 어느 정도 운이 따르기 마련이다. 예를 들어 한 영업사원의 담당구역에 대형 마트가 들어서면 그에게 발생하는 매출과 판매수당이 증가하게 된다. 담당자의 공이라기보다는 운이 좋은 경우로 형평성의 문제가 제기될 수 있다. 형평성에 관하여 최대 이슈 중의 하나는 판매가 많아질수록 목표액의 할당이 매년 올라가는 경우이다. 연간 목표를 초과 달성하면 이듬해에 그 금액을 기준으로 더 목표를 높이는 것이다. 이는 장기적 성과에 매우 해로울 수 있다. 같은 조건과 환경이라면 매출액이 계속해서 오를 수 없기 때문이다. 한편 누구에게나 형평화된 보상시스템이 오히려 영업 성과를 올리는 데 안 좋을 수 있다는 연구 결과도 있다.

영업의 성과를 평가하는데 있어서 두 가지 관점은 현장에서 유용한 포인트가 된다. 평가는 두 가지의 목적을 가진다. 평가의 궁극적인 지향점은 피드백Feedback 으로서의 역할이다. 피드백은 영업에서 매우 중요한 기능이다. 공식적인 평가이든 영업활동에 대한 코칭이든 상관없이 중요한 기능이다. 피드백은 "누가 누가 잘하나"를 판정하는 역할과 "역량의 상향유도"로서의 역할 두 가지가 있다. 만일, 영업조직을 보았을 때 영업역량이 어느 정도 올랐다고 판단하였을 때는 "누가 누가 잘하나"를 중심으로 피드백이 진행되는 것이 바람직하다. 반면에 영업조직 내에 영업 직원 간의 역량의 차이가 있고 전체적인 역량의 수준이 일정궤도에 미치지 못했다고 판단이 되거나 인간은 '미완성' 이라는 가정을 믿는다면 피드백은 "역량의 상향유도"로서의 역할이 되어야 한다. 이는 "가둬 놓은 물고기를 어떻게 관리하는가?"에 초점을 맞출 것인가와 "새로운 물고기를 잡는 것이나 물고기를 늘리는 방법"에 초점을 맞출 것인가와 비슷한 판단기준이다.

영업조직의 평가 시스템을 판단할 때에 가장 효과적이고 현명한 판단의 기준은 목적성을 명확히 하는 것이다. K사는 영업조직의 평가 시스템을 설계하는데 있어서 공정성에 초점을 두었었다. K사는 기존의 평가 시스템이 영업역량의 향상에 도움이 안 된다는 것을 발견하고 평가 시스템을 바꾸는 것을 시도하게 되었다. K사는 공정의 정의를 "누구에게나 동일한 잣대를 적용하고 누구에게나 공정하게 성과를 분배 한다는 것"으로부터 "잘하는 사람 더 잘하도록 평가하고 피드백 하며 보상한다."로 정하고 영업조직의 평가 시스템을 재설계하기 시작하였다. 다음의 그림은 K사의 평가 시스템의 변경방향을 설명하는 그림이다.

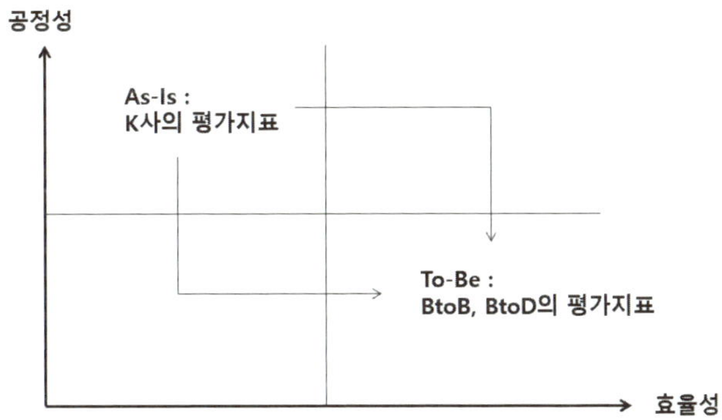

셋째는 보상에서 골치 아픈 문제로 디테일에서 수시로 나오는 문제이다. 인센티브 지급 시점에 관한 것이 대표적이다. 일반적으로는 기업의 회계연도 내에서 인센티브를 지급한다. 부지불식간에 다음 회계연도로 이월해서 지급함으로 인해서 차년도의 회계성과에 압박을 줄 수 있기 때문이다. 일반직 사원과 영업직 사원의 인센티브 시스템을 별도로 가져가는 경우도 있다. 일반직에게는 반기 또는 일년 단위로 평가기간을 나누어 지급하는 것이 일반적이지만 영업직은 분기 단위로 적용해서 지급하는 경우도 있다. 왜냐하면 기업의 현금 흐름과 생산계획뿐 아니라 영업활동을 어디에 집중해야 하는가에 큰 변화를 가져올 수 있기 때문이다.

최근엔 많은 기업들이 인센티브의 최고 한도를 폐지하거나 부득이하게 유지해야 할 경우 가능한 높게 설정하자는 시도가 진행되고 있다. 복잡하지 않으면서 실적 별 영업사원의 동기부여 여건을 모두 충족할 수 있는 시스템 발굴이 기업의 판매실적 개선과 불가분의 관계에 있다는 사실을 잘 알기 때문이다.

급여냐 인센티브냐

임금의 구성 요소: 일반적인 복합 형태 및 소득의 효과

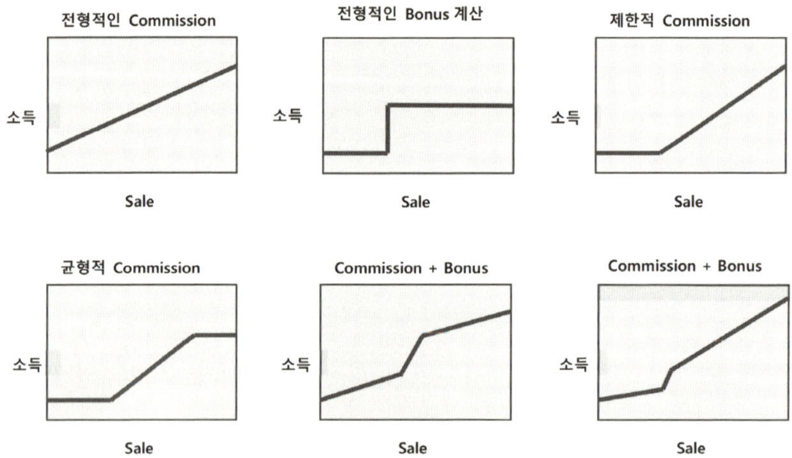

(Source : Doug, Chung & Thomas Steenburgh & K. Sudhir, 'Do Bonuses Enhance Sales Productivity?' A Dynamic Structural Analysis of Bonus-Based Compensation Plans,' Marketing Science 33 (2), 2014, 165-187))

위의 그림은 영업사원들이 받는 임금의 구성 요소를 보여준다.

위 여섯 개의 그림은 기본급을 베이스로 어떠한 방식의 영업사원의 커미션과 보너스를 설계하는가에 대한 방식을 열거한 것이다. 가장 기본적인 방식은 매출에 따라 소득이 올라가는 방식이다. 커미션은 영업성과에 따라

지급되는 성과 연동형 급여를 말한다. 보너스는 일정 매출이 달성되는 경우에 일시적으로 지급되는 성과급을 말한다. 이를 어떤 방식으로 조합하는가에 따라서 다양한 방식이 나올 수 있다. 한국의 경우는 고정급여 + 보너스 형태의 성과급의 방식을 채택하는 경우가 많다. 반면 미국의 경우는 낮은 고정급여에 매출 연동형 급여, 보너스를 혼합하는 형태로 보상 시스템을 구성하는 경우가 많다. 이러한 설계는 영업의 방식, 팔아야 하는 제품, 채널의 성격, 영업환경 등에 따라 달라진다. 중요한 것은 각자 채널에 맞는 전략적 관점으로 설계가 되어야 한다.

통상적으로 지급되는 기본임금은 기업이나 영업사원의 업무에 따라 천차만별이다. 하지만 영업사원들은 기본임금이라는 안정성의 토대 위에서 여러 일들을 기꺼이 하게 된다. 그런데 기본임금을 성과와 무관하게 지급할 경우에는 사원의 행동에 대한 모니터링이 필수적이다. 기본임금을 너무 높이면 안정성을 기할 수는 있지만 활동성이나 적극성에 장애물이 될 수 있기 때문이다. 반대로 기본임금이 너무 낮은 경우는 영업사원의 탈락률이 높아질 수 있거나 무리한 영업을 하게 될 가능성이 있기 때문이다.

기본임금의 비중을 올림으로써 효과를 높일 수 있는 경우는 다음과 같다.

- 성과 창출에 오랜 시간이 걸리는 경우
- 난이도가 높거나 과도한 활동이 필요한 경우
- 실적 평가 관리가 복잡한 경우
- 판매주기가 복잡하고 긴 경우
- 서비스 지원이 중요한 경우

- 판촉성 판매가 필요한 경우
- 시장 수요의 변동성이 큰 경우

기본임금과 인센티브의 비율은 어느 정도가 좋을까? 미국에서는 50 대 50이라고 한다. 인센티브가 영업사원에게 영향을 미치려면 전체 보상에서 적어도 15%는 되어야 하며, 더 큰 영향을 미치려면 적어도 30%는 되어야 한다고 한다.

인센티브는 어떻게 설계되어야 할까? 주요 유형이 얼마간 있지만, 이를 변형한 것은 상당히 많다. 대부분 목표를 달성한 사람에게는 보너스가 일시불로 지급된다. 양적 또는 질적 목표에 근거하여 지급될 수도 있고, 영업관리자의 판단에 따라 지급될 수도 있다. 전체 판매량을 기준으로 적용하는 기업도 있고, 제품이나 고객 또는 수익성이나 경쟁 목표에 따라 비율을 다르게 적용하는 기업도 있다. KPIKey Performance Index, 핵심성과지표시스템으로 집행하는 경우도 있고, 할당량을 초과한 판매에 대해서만 수당을 지급하거나, 할당량을 초과한 판매와 그 이하의 판매에 대해 비율을 다르게 적용하여 지급하는 곳도 있다. 정리하면, 영업 인력에 대한 보상제도의 고려사항은 다음과 같다. 보상 수준, 기본급과 인센티브 비율, 보상제도의 설계와 적용으로서 평가지표, 보상유형, 보상규모, 보상주기 등을 감안하여 설계가 되어야 한다.

스타와 폭탄 그리고 성실한 일반영업사원들

현실적으로 영업사원들에게 가장 효과가 있는 것은 우수자 그룹, 중간 성과그룹, 미흡그룹에 대한 보상시스템의 설계와 결정이다. 기본급이나 그와 같은 수당의 설계는 세 그룹에 미치는 영향이 크지 않지만, 목표에 대한 초과 달성 시의 인센티브, 일정 기간별 인센티브 지급 방법의 설계, 목표에 대한 달성 진도에 대한 과정과 결과 평가 등은 각각의 구성과 실행에 따라 영업사원에게 미치는 영향이 크다. 예컨대 연간 목표에 대한 초과 달성 시의 인센티브는 우수성과자들로 하여금 지속적 동기를 부여해주고 업무 몰입도를 높이는 역할을 한다. 이와 달리 일정 기간별 인센티브는 성과가 떨어지는 영업사원들에게 동기부여를 높여줄 수 있다. 그들이 실망하지 않고 자신의 목표를 달성하도록 기간을 나누어 인센티브를 지급하면 좋은 효과를 거둘 수 있다.

토머스 스틴버그Tomas Steenburgh 등은 '영업사원의 동기부여Motivating Sales people: What Really Works, HBR'라는 글을 통해 미국의 기업들은 매년 광고비의 3배에 달하는 8,000억 달러 정도를 영업비로 사용한다면서 영업사원의 보상체계를 성과 지향적으로 설계하고 싶어 한다면서 영업사원을 3그룹으로 나누어 그룹별로 보상체계를 다르게 가져간다고 밝혔다. 아래 그림은 영업사원 그룹별 보상체계의 설계에 대한 예시를 보여준다.

영업사원 그룹별 보상체계의 설계

	스타급 영업사원 (Super Sales)	성과 낮은 영업사원 (폭탄이라고도 함)	성실한 일반 영업사원
특징	어떤 장애물도 돌파하는 사람. 그러나 간섭이 심해지면 일을 안 하는 경우도 발생	•더 많은 Guide와 Coach, 재촉이 필요 •교육이 필요한 신규 입사자 또는 자기 만족적인 고참 영업사원이 여기에 해당	룰(Rule)에 신경을 씀. 제대로 된 인센티브시스템이라 생각하면 묵묵히 자신의 역할을 수행 함.

	스타급 영업사원 (Super Sales)	성과 낮은 영업사원 (폭탄이라고도 함)	성실한 일반 영업사원
목표에 대한 관점	주어진 목표와 상관없이 도달할 수 있는 꼭대기를 바라보고 있으므로 단계별 목표에 영향을 받지 않는다.	목표에 무관심하므로 첫 단계에서만 관심이 있고 첫 단계만 달성하면 그만이라고도 생각함	대부분의 영업 관리자 들이 Rain Maker(고 성과자)출신이므로 이들은 새로운 Rain Maker에만 관심이 많음. 따라서 성실한 일반적인 영업사원 그룹은 인센티브 제도에서 소외 되기도 함.
일반적인 목표설정에 대한 반응	목표가 자신에게 과다하다고 생각하면 일을 Stop 하는 경향	관심 없음	항상, 고 성과자가 우승한다고 생각하기 때문에 최선의 노력을 하지 않는 경우가 많음. 성과가 낮은 그룹에도 관심이 있음. 왜냐하면 자신이 낮은 그룹으로 떨어질 것을 의식하기 때문임.
동기부여	최대의 성과를 이끌어 낼 수 있도록 해야 함. ① 목표액과 인센티브의 제한을 없앨 경우 매출의 증가를 끌어낼 수 있음 ② 초과달성 인센티브를 적용 ③ 다양한 시상을 적용	① 고 성과그룹을 기준점으로 놓고 그 차이를 좁히는 목표를 달성하면 포인트를 획득하게 함 ② 자연스러운 압력이 필요 (예: 대체가 있음을 알려주는 것) ③ 사회적인 압력을 적용 (탈락 시 두려움 등)	최고 레벨의 보상에 비해 낮은 레벨의 보상이 동등하거나 나아 보일 수 있도록 하는 것이 필요(예컨대 현금보다 가치 있는 선물이 동기부여에 효과적인 경우가 많음)

보상시스템의 6대 성공 요인

보상시스템이 성공하려면 다음 사항을 신중히 고려해야 한다.

첫째, 인센티브제도를 설계할 때 '정말 중요한 것이 무엇인가?', '무엇을 목적으로 하는가?'에 대한 고려와 커뮤니케이션이다. 기업마다, 영업 상황마다 다를 수 있으므로 전략에 맞추어 판단하고 입장정리를 하는 것이 무엇보다 중요하다.

둘째, 인센티브제도는 영업사원의 노력을 강화하려는 목적도 있지만, 제도를 구상하고 설계하고 적용하는 과정에서 기업과 영업사원의 역량을 높이는 효과를 얻으려는 것이므로 설계와 집행 사이의 피드백이 중요하다.

셋째, 보상시스템의 설계는 데이터를 축적해놓았을 때 가능하다. 관리자들이 범하는 가장 큰 오류는 얼마든지 사람을 움직일 수 있다고 자신하는 것이다. 평가와 보상 시스템만 바꾸면 된다고 하지만 시스템은 시스템일 뿐이다. 시스템도 중요하지만, 데이터에 의해 시스템이 움직인다는 사실을 명심해야 한다. 잘 정리된 데이터와 결합했을 때 시스템이 힘을 발휘하고 합리성을 갖게 된다.

넷째, 보상시스템은 목표를 달성시키기 위한 목적도 있지만, 영업을 위한 노력을 무의식적으로 좌절시키지 않도록 하려는 목적도 있다. 따라서 영업사원의 노력, 실적, 보상의 인과관계가 가시적으로 드러나도록 설계해야 한다.

다섯째, 영업사원들의 행동이 제도에 의해 왜곡되지 않아야 한다. 기업들이 보상 기준을 특정 제품의 목표 판매량 달성에 두는 것은 수익성이 높고 전략적으로 중요한 제품에 노력을 집중하기를 바라기 때문이다. 그러나 기대와 달리 엉뚱한 결과를 낳을 수 있다. 영업사원들은 기간 내 목표 판매량을 달성하기 위해 무리한 밀어내기를 시도할 수 있고 그 결과로 자신의 재고를 고객에게 이전시킬 수 있다. 또 목표를 달성하지 못할 것 같으면 다음의 보상을 위해 주문을 비축하기도 한다. 더 나쁘게는 목표 달성을 위한 노력을 지레 포기할 수도 있다.

여섯째, 단순한 시스템을 만들려고 노력하지 말아야 한다. 시스템이 복잡하면 영업사원이 판매와 고객관리에 열중하기보다 인센티브를 계산하는 데 많은 시간을 소비하게 된다고 생각하는 사람들이 있다. 보상시스템이 단순해야 한다는 생각의 이면에는 영업사원들에 대한 암묵적 전제가 도사리고 있다. 이는 풍선효과이다. 한 쪽을 누르면 다른 한 쪽이 튀어 나올 것이라 생각해서 다른 보완책을 마련하기 때문이다. 제도가 제도를 낳게 된 결과이다. 복잡성은 인공지능AI이 해결해 주는 세상이 되었다. 다시 한번 상기하자면 제도가 중요하지 않다는 점이다.

우리가 풀어야 할 과제는 윈윈win-win시스템을 만들어내는 것이다. 전략적으로 효과적인 보상시스템이라면 영업사원이 보너스를 받을 때 기업도 이익을 얻기 때문이다.

학습-6

영업사원의 자기관리 의식

아래 그림은 은행의 기업금융 담당직원의 역량 향상에 대한 요소를 정리한 것이다. 중심에는 마음가짐Mindset이 있다.

마인드 셋의 사전적인 의미는 "흔히 바꾸기 힘든 사고방식이나 태도"라고 정의되어 있다. 마음가짐은 기업금융 영업만이 아니라 어떤 영업이든 필요한 요소다. 기본적으로 영업을 하는 사람으로서의 긍정적 마음가짐과 적극적 마음가짐을 의미한다. 영업은 기본적으로 마인드 셋에서 출발한다. 영업을 두려워하거나 어쩔 수 없이 하는 것에서 벗어나는 것이 영업의 출발이다.

마케팅 지식에 대한 학습은 개인적인 요소이다. 영업을 하는데 있어서 마케팅 지식은 자신의 관할지역을 바라보는 좋은 관점View Point이 된다. 마케팅에서 강조하는 STP-4PSegmentation, Targeting, Positioning-Product, Price, Place, Promotion는 과학적이고 체계적인 영업Scientific & Systemic Selling을 하는 기반이 된다.

환경분석 역량을 갖는 것도 개인적인 요소이다. 이는 전략적인 영업Strategic Selling을 하는데 있어서 필요한 요소이다. 자기가 맡은 거래처나 지역의 상황을 종합적인 시각으로 판단하는 능력을 말한다. 영업사원의 중요한 능력 중의 하나는 모든 상황을 종합화하는 것이다. 이는 영업전략의 시각으로 연결되어 있다.

상품지식 및 활용역량도 조직적인 지원을 필요로 하지만 개인적인 역량에 해당한다. 상품지식을 단순히 지식으로 볼 수도 있지만 디테일하게 들어가면 '거래처 맞춤'에 관한 시각이 된다. 거래처의 상황에 맞춰서 자신의 상품을 다뤄야 한다. 거래처에 최적으로 맞추어 상품을 조합하고 제공하는 것이다.

코칭과 가이드는 중요하게 부각되어 있지는 않지만 영업사원에게 필요한 지원요소이다. 영업사원은 언제나 자신감과 불안감 사이를 왕복한다. 그들에게 제 3의 시각을 갖게 만드는 것은 중요한 요인이다. 이는 마인드 셋과도 연결되어 있다. 두 가지의 코칭과 가이드는 필요하다. 하나는 마인드를 보다 긍정적이고 적극적으로 갖게끔 하는 것이다. 다른 하나는 영업기술의 요인을 코칭하고 가이드 하는 것이다. 전자는 심리적인 요인이며 후자는 영업 기술적인 요인이다.

관련부서의 경험은 영업사원의 영업력을 올리는데 도움이 된다. 영업기획이나 정책부서, 마케팅 부서, 생산부서 같은 곳의 경험은 제품의 설명력과 거래처를 전략적으로 관리하는데 도움이 된다.

지원조건에 관한 사항은 영업에 필요한 데이터, 정보 같은 데이터 지원과 영업활동에 직접적으로 필요한 판촉물, 브로셔, 설명에 도움을 주는 것들에 대한 도구지원, 인센티브 등 시스템에 관련한 지원, 기술부서와의 동행 시스템 등 조직적 지원 등을 말한다. 때로는 격려, 시상 등의 심리적인 지원도 포함된다.

팀 플레이는 프로야구의 프론트와 경기를 하는 감독, 선수 간의 협조 같은 것을 말한다. 영업이 선진화되고 고도화 되어 갈수록 후선 지원은 보다 과학화 되어야 한다. 경기는 선수가 하지만 현장 의사결정의 많은 지원은 프론트가 한다는 말이 있다. 이를 영업에 그대로 대입하면, 영업은 영업사원이 하지만 영업 의사결정의 많은 부분은 현장지원 부서요즘은 이를 Trade Marketing부서라고도 한다에서 하는 것이다.

평가 시스템은 영업의 완결편이다. 평가제도를 어떻게 구성하는가에 따라서 영업사원의 행동이 달라질 수 있기 때문이다. 평가 시스템의 구성은 둘로 나눌 수 있다. 하나는 피드백Feedback으로서의 평가 시스템이고 다른 하나는 인센티브와 연결된 보상시스템이다. 영업현장에 대해서 일반적으로는 보상 시스템과 연결된 평가 시스템을 중요하게 보는 경향이 있으나 영업조직의 선진화는 바람직하고 행동에 연결되는 피드백 시스템에 있다. 피드백은 영업사원의 영업의 퀄리티Quality를 높일 수 있기 때문이다.

무엇을 팔고 무엇을 살 것인가

필자는 국내 최대의 글로벌 공동학위 MBA에서 강의를 해오면서 수많은 학생들을 만났다. 주로 기업의 임원과 팀장, 사원인 그들을 가르치고 대화하면서 흥미로운 사실을 발견했다.

학생들을 대상으로 '왜 MBA를 하는가?'라는 주제를 놓고 조사한 결과를 보자.

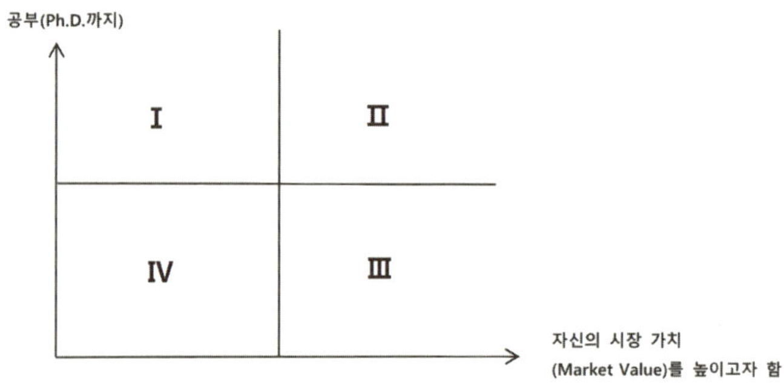

일사 분면의 학생들은 '교수가 되어 학문적 족적을 남기거나 박사를 겸한 경영자가 되고자' 하는 사람이다. 학벌 중심의 사회에서 여전히 박사학위는 많은 기회를 창출할 수 있다고 생각하는 것이다. 반면에 삼사 분면에 있는 학생들은 MBA를 이수함으로써 자신의 시장 가치를 높여 '돈과 승진'을 추구하려고 한다. 여기에 속한 사람들은 MBA를 통해 자신의 판매 가치를 한껏 높여주는 이력서를 만들려는 것이다.

사사 분면은 어떨까? 여기에 속한 사람들은 막연한 희망을 품은 경우에 해당한다. 지향점이 분명치 않은 상태에서 MBA를 지망했을 수 있다. 사회가 학벌을 따지는 경향이 있으니 일단은 MBA를 하고 나서 생각해 보자고 생각했을 수 있다. 이 경우를 일컬어 '어중간한 상태Stuck in the Middle'라고 표현한다. 방향을 확실히 정하지 못하고 오락가락하는 상태를 가리킨다.

가장 좋아 보이는 영역은 이사 분면이다. 박사학위를 지향하면서 동시에 자신의 시장 가치를 높이려는 사람들이기 때문이다. 이 부류에 속하는 사람들은 인생의 기회를 최대한 활용하려고 한다. 자신의 이력과 실력에 과감한 투자를 하고 이를 사업 기회로 연결하려는 적극적인 유형의 사람들이다.

이제 조사 결과를 보자. 일사 분면에 속하는 사람들이 전체의 몇 %쯤 될 것 같은가? 필자의 학교에서 MBA 졸업자들 중 박사반으로 진학하고자 하는 이들은 5%를 채 넘지 않았다. 그러나 꾸준히 증가하고 있으며, 최근에는 그 2배인 10%대에 육박하고 있다.

사사 분면에 속한 사람들은 어떨까? 안타까운 일이지만 전체의 5%쯤 된다. 이들에게 필요한 것이 입장 정리다. 살아가면서 우리는 많은 일에 부딪히게 되는데, 자신 앞에 어떤 일이 닥치든 필수적으로 그에 대처하는 자신의 자세를 정해야 한다. MBA에 입학하기 전에 먼저 해야 할 것도 '왜 MBA를 하려 하는가'를 올바르게 정립하는 것이다.

그러면 지원자들이 가장 많이 속한 곳은 어느 영역일까? 그렇다. 삼사 분면이다. 전체 지원자의 70~80%가 여기에 속한다. 이들은 MBA를 통해 공부를 함으로써 자신의 실력을 키운다는 목표를 갖고 있지만, 그보다는 승진과 이직을 통해 더 높은 보상을 추구한다. 그 보상 중의 하나는 경영자의 길에 도움이 되는 것이고, 또 하나는 직장생활을 하는 동안 좋은 자리에서 좋은 대우를 받는 것이다. 전설적인 여배우 메이 웨스트Mae West가 "좋은 건 많을수록 좋은 게 아닌가"라고 말한 그대로다. 그렇다면 삼사 분면이 좋기만 할까? 이에 대한 답을 하기에 앞서 잠시 다른 교육과정의 경우를 살펴보자.

많은 대학교에서 최고경영자과정AMP, Advanced Management Program을 운영하고 있다. 이 과정은 오랫동안 많은 인기를 누려왔다. 기업 경영자들 중에서 한번쯤은 이수하지 않은 사람이 없을 정도다. 그들이 AMP에 지원한 이유는 위에서 살펴본 것처럼 다양하지만 공통적으로 공부를 하기 위한 것이었다. 그러나 시대가 바뀌었다. 지금은 세계적인 석학의 강의가 유튜브, MOOCMassive Open Online Courses, 온라인대중공개강좌 등을 통해 넘쳐나듯 제공되고 있다. 이 때문에 최고경영자과정에 많은 변화가 생겼다. 일반적인 경영 트렌드를 교육하고 공부하는 것에서 벗어나 특화된 과정으로 변모하고 있다. 예컨대 문화예술이나 패션, 부동산, 골프, 심지어 애완동물을 주제로 한 과정이 버젓이 나오고 있다.

현재 MBA에 등록하는 학생들을 살펴보면 한 가지 뚜렷한 특징을 발견할 수 있다. '자신에게 도움이 되는 그 어떤 것'을 핵심 목적으로 삼는다는 것이다. 공부나 시장 가치, 네트워킹 등 겉으로 밝히는 목적이 무엇이건 최종적으로 수렴하는 지점은 '자신의 사업에 도움이 되는 것'이다. 다만 추구하는 분야나 달성하는 데 걸리는 시간의 차이가 있을 뿐이다.

MBA를 선택하는 사람들이 자기계발과 발전의 의지가 있다는 것은 의

심의 여지가 없다. 또한 경영진으로 승진할 가능성이 상대적으로 높은 것도 사실이다. 실제로 기업의 임원들 중 상당수가 MBA 출신이다. 이는 MBA를 이수함으로써 얻는 기회와 역량, 노력이 결합된 결과물이다.

그렇다면 실상은 어떨까? 매트릭스의 4개 영역 가운데 삼사 분면에 속한 사람들이 현실에서 얻게 되는 결과는 무엇일까? 최선은 기업의 최고경영자가 되어 보다 많은 보상을 받는 것이다. 그러나 직장인들 중에서 최고경영자의 자리에 오르는 사람은 극소수에 불과하다. 최고경영자가 되기는커녕 정년을 채우지 못하고 자의 반 타의 반 도중에 퇴사하는 경우가 부지기수다. 그럼에도 불구하고 MBA에 도전하는 이유는 보이지 않는 미래에 희망을 걸기 때문이다. 여기에 쉽지는 않겠지만 자신은 예외라는 심리적 기제도 적잖이 작동한다. 다른 사람들은 되지 못해도 자신은 최고경영자가 될 수 있다고 생각하는 것이다. 그래서 MBA라는 교육과정에 투자하는 것이다. 결과는 선배들의 모습과 별반 다르지 않다. 미래의 목표를 구체화하지 않고 막연한 기대 위에서 도전했기 때문이다. 과감한 투자에 대해서는 박수를 받을 수 있을지 몰라도 잘못된 선택이었음을 자인하게 되는 순간이 온다.

한국의 경영교육을 바꾸어야 한다. 학부도, 대학원도 학위를 위한 교육이 아니라 창업을 위한 교육으로 달라져야 한다. 창업교육은 실행을 위한 교육이다. 현장을 교육하고 현실에서 사용할 수 있는 교육이 이루어져야 한다. 개인은 교육을 통해 자신의 역량과 특징에 걸맞은 실질적 사업을 만들 수 있어야 하고, 기업은 교육을 통해 지속 가능한 새로운 성장동력을 창출할 수 있어야 한다. 이를 위해 '짧은 시간 내'에 보다 '저렴한 교육비용'으로 '새로운 아이디어를 실제 사업으로 연결'하는 프로젝트나 훈련이 활성화되어야 한다.

핀란드의 헬싱키에 위치한 알토대학교Aalto University는 교내에 약 650여 개의 벤처기업을 운영하고 있다. 모든 활동은 새로운 사업을 만들어가는 것에 맞춰진다. 기업이나 개인이 경영에 대해 단순히 학습하거나 사례를 분석하는 데 그치지 않고 실질적인 행동을 해나간다. 기업들은 자사의 직원을 파견하여 신성장 동력이 될 수 있는 사업 아이템을 개발하고, 개인들은 자신만의 신규사업을 실행에 옮긴다. 한마디로 프로젝트형 교육이다.

그들이 운영하는 교육과정들 가운데 특별히 주목을 끄는 것이 있다. 하나는 창업을 준비하는 개인을 위한 트레이닝 과정이다. 일례로 디자인 팩토리Design Factory라는 디자인을 선진화하는 것 뿐만이 아니라 사업 아이디어를 사업화하는 것이나 서비스를 재설계하는 것 까지를 포함하는 시스템을 말한다. 이 곳에서 주관하는 과정에서는 20명 내외의 학생들이 일반 MBA의 1/4밖에 안 되는 학비로 자신만의 아이디어를 실험하고 있다. 다양한 경험을 지닌 창업자와 교수들이 함께 사업을 구체화하는 활동을 벌이는 것이다.

다른 하나는 기업이 신성장 동력을 발굴하려는 목적으로 직원을 엄선하여 파견하고, 학교는 공대와 경영대 교수 등을 매칭시켜 기업과 학교가 손을 잡고 4~5개월의 기간에 걸쳐 실질적 사업을 구축하는 과정이다. 말 그대로 비즈니스 창업을 실행하는 것이다. 앵그리 버드, 수퍼셀 등은 여기에서 나온 벤처기업이다.

이제 경영교육의 목표와 내용은 분명해졌다. 막연하고 피상적인 목표가 아니라 본질적이고 명확한 목표를 설정하여 실질적인 사업을 내용으로 만들어가는 것이다. 개인의 인생과 기업의 비즈니스에 현실적인 도움을 줄 수 있는 MBA로 탈바꿈해야 한다. 단순한 비용cost으로 끝나지 않고 미래를 만드는 투자invest로서의 교육을 통해 실력을 쌓아 실질을 만들어갈 수 있게 해야 한다.

이어서 우리는 두 번째 단계로 넘어가야 한다. '시장의 현실과 개인이나 기업의 필요에 맞는 교육은 어떻게 이루어질 수 있는가?'를 알아야 한다.

교육education보다 학습learning

피터 드러커는 "비즈니스의 목표는 고객을 창출하는 것이지 전쟁을 하자는 것이 아니다"라고 말했다. 포연이 하얗게 남아있는 치열한 전쟁터에서 각개의 병사가 할 일은 다음 단계로 전진하는 것이다. 아마도 그들은 이를 전쟁이라고 생각하기보다는 그냥 단순히 해야 할 일 정도로 인식하고 있을 것이다.

'영업을 잘하기 위해 갖추어야 할 요건은 무엇인가?'라는 연구는 HR 분야에서 수없이 연구해온 주제다. 잘하는 직원의 특징을 발굴하고 이를 확산하자는 가정이 주제의 뒤에 숨어 있었다. 그런 노력은 매우 우스꽝스러운 일로 보인다. 이러한 주제로 연구를 한지 수 세월이 지났고 발견을 했어도 엄청난 양을 발견했을 것이기 때문이다.

영업 역량에 있어서 표준화를 원하는가? 표준화한 것을 확산하고 싶은가? 그러면 성과가 나아질 것이라고 생각하는가? 아마도 빨리 포기하는 편이 현명할지도 모른다.

영업이라는 바닥에서 굴러먹은 많은 영업 경험자들에게 물어보라 답은 '제가 척 보면 압니다'로 돌아올 것이다.

표준화를 추구하는 영업의 어떤 원리에서는 일선 병사들이 처한 상황과 맥락을 간과하고 있다. 어느 학자의 명언처럼 '천당에 가는 방법을 조언하는 목사의 설교와 다르지 않다고 해도 무방하다. 언제나 선을 행하고 악을 피하라'는 식의 이야기로 이를 대변한다. 영업교육은 과학적인 측면에서 다른 교육과는 달리 돌림 빵 식의 교육이 일상화되어 있다. 순환교육 말이다.

훌륭한 영업사원을 만들고 싶은가? 성실하라, 진취적이어라, 질문하라, 도전하라..는 책에 나온 얘기나 훌륭한 선배 영업사원의 경험담으로 만들려 들지 말아라. 이런 것을 계속하는 한 영업 현장에 있는 사람들로부터 돌아오는 말은 '현실과 맞지 않는다.'라는 답일 것이다. 실현 불가능한 얘기는 영업사원을 교육으로부터 외면하게 만들 뿐이다.

모든 영업 상황에 들어맞는 단 한 가지의 표준은 없다.

영업적 재능은 상황에 따라 달리 발휘된다. '영업인에게 성공을 가져다주는 요인은 자신의 성격과 자신이 하는 일이 잘 맞아떨어지도록 유도하는 것이다'라는 선인의 말에 영업교육의 답이 여기에 있다. .

이제 결론에 도달했다. 영업교육은 더 이상 교육Education이어서는 안 된다. 영업사원의 학습Learning이 되어야 한다. 교육은 '교육을 받는다'고 한다. 수동적이다. 학습은 받는다는 표현에 맞지 않는다. '학습은 한다'고 한다. 능동적이다.

성공적인 영업사원들을 조사한 바에 따르면 그들은 일반적인 영업사원과는 다른 학습 마인드를 가지고 있다고 한다. 목표 지향성 또한 판매 성공에 중요한 역할을 하지만 이에 못지않게 성공적인 영업사원들은 학습 지향성을 가지고 있다. 그들 스스로의 능력을 향상시킴으로써 어려운 영업을 숙련되게 처리하고 싶어 한다. 그 결과로 학습을 통한 자신의 성장을 매우 중요하게 생각한다. 왜냐하면 이들은 탁월한 업무에 대한 찬사를 받거나 열등한 평가를 두려워하는 성과 지향성을 가지고 있기 때문이다.

영업교육은 영업사원 스스로가 개인의 문제 해결을 위한 프로젝트를 하게끔 해야 한다. 기존 교육의 패러다임Paradigm을 바꾸어야 한다. 콘택트 렌즈 분야의 세계적인 기업 중의 하나인 I사는 기존에 해 오던 영업사원 교육의 패러다임을 바꾼 것으로 잘 알려져 있다. I사는 종전에 해 오던 영업교육에서 과감히 탈피하였다. 영업교육을 "현장과 밀착된 날카로운 시야"를 갖게 하는 것으로 바꾸었고 영업교육의 목표를 "성과와 관련된 교육 시스템"으로 바꾼 것이다. 이러한 방향에 따라 영업 직원 개개인에게 자신의 성과와 관련한 주제를 선정하게 하고 이를 영업 멘토와 함께 해결해 가는 이른바 "개인 세일즈 프로젝트PSP : Personal Sales Project방식으로 바꾸었다. ① 영업사원도 자신의 문제를 가지고 해결해 가면서 학습을 하니까 보다 적극적으로 하게 되었고 ② 영업멘토들도 현장에서의 영업사원의 활동을 보다 깊이 관찰할 수 있게 되었으며 ③ 보다 우수한 사례를 발굴할 수 있었으며 ④ 과정에서 영업사원들도 자신의 상황을 보다 명확하게 정리할 수 있었고 ⑤ 이를 표현할 수 있는 스킬도 향상시킬 수 있었다. ⑥ 이러한 과정은 궁극적으로 보다 전략적이고 과학적인 접근법에 의한 영업교육 문화를 만들게 되었으며 ⑦ 새로운 멘토도 양성할 수 있게 되었다.

영업은 현장이다

실행하고, 검증하고, 성공하라

실행-1 : 경영과 영업

실행-2 : 전략으로 돌아가서

실행-3 : AI(Artificial Intelligence)의 활용

실행-4 : ESG(Environment, Social, Governance)와 Sales

실행-1
경영과 영업

"파는 것에 대해 말하는 것은 파는 것과 같지 않다." (말은 행동을 보장하지 못한다는 의미)

2020년을 휩쓴 COVID-19와 같은 사태가 벌어지면 사람들은 2가지 반응을 보인다. 위기라고 말하는 사람이 있는가 하면, 기회라고 말하는 사람도 있다. 물론 잘 모르겠다는 이들도 있다. 시대가 그렇고 인생이 그런 것처럼 사업도 어려울 때와 잘나갈 때를 반복해 이어간다. 미리 알 수 있는 경우도 있고 코로나처럼 갑자기 닥치는 경우도 있다. 불확실한 환경 속에서 살아가는 우리가 확실히 알 수 있는 건 단 하나다. 일관되게 꾸준하게 실행하는 자가 성공하고 성과를 얻는다는 사실이다. 영업 역시 전략을 현장으로 끊임없이 연결할 때 목표를 달성할 수 있다.

우리는 제품을 불특정 시장에 파는 것이 아니라 특정 고객에게 판매한다. 언제나 고객에게 집중해야 한다. 고객이 문제를 어떻게 인식하고 있는지 확인해야 한다. '관리자인 나는 알고 있다'고 가정하지 말아야 한다. 고객과 직원들을 향해서 '관심법'을 쓸 수 있다고 생각하지 말아야 한다. 비가 오나 눈이 오나 고객 문제에 열중해야 한다. 임시방편이 아닌 일관된 메시지를 보내고, 비즈니스를 다시 정비하는 데 필요한 정보를 체계적으로 정리해놓아야 한다.

거듭 말하지만 성과는 현장 영업조직의 시간, 노력 및 판매비용에 따라 결정된다. 즉, 실행에서 판가름 난다.

필자와 같은 경영학자의 역할은 기업의 실행에 가이드를 주는 것이다. 실행의 주체인 기업이 무엇에 집중하고 무엇을 버려야 할지, 어떻게 실행해야 할지를 안내하는 것이다. 빅데이터를 알아야 한다고 강조하면서 복잡한 경영수학이나 알고리즘을 배우라고 외치는 학자가 있다. 컴퓨터가 세상에 나왔을 때 경영자에게 컴퓨터를 알아야 한다면서 작동원리를 파악해야 한다거나 프로그래밍을 배워야 한다는 것처럼 말이다. 그의 말에 따른 경영자들이 얼마나 많은 시간과 비용을 낭비했던가. 한 가지 놓치지 말아야 할 분명한 것이 있다. 학자들이 강당에서 컴퓨터의 개념을 강조할 때 경영자들은 컴퓨터를 활용할 방법을 찾고 있었다는 이야기다.

앞서가는 경영 현실에 비해 경영학은 뒤처져 있다. 시장보다 앞서가는 경영학은 없다. 미래를 예측하는 이론이 있지만, 미래의 시장이 그대로 따라줄지는 미지수다. 학문과 현실의 괴리를 극복하는 길은 무엇일까? 경영학자들을 기업가 출신으로 모두 바꾸면 될까?

경영학은 본질적으로 기업의 실행을 사후에 평가하는 학문이다. 어떤 기업이나 경영자가 멋진 실적을 올리고 나면 성공 요인을 분석하고, 참담한 실패를 겪고 나면 왜 그랬는지를 따져본다. 실행 중에는 관여하지 않다가 결과를 놓고 메스를 들이대는 것이다. 그 과정에서 일부 학자들은 귀가 번

짝 뜨이는 화두와 화려한 언사로 이목을 집중시키기도 한다. 하지만 그들이 던진 화두가 실제 경영의 성과로 이어졌다는 이야기는 들리지 않는다. 2차 세계대전을 승리로 이끈 위대한 지도자 윈스터 처칠 영국 수상은 "아무리 전략이 화려하다손 치더라도 한번쯤은 결과에 신경 써야 하지 않을까요? However beautiful the Strategy, You should occasionally look at the Results?" 라는 유명한 말을 남겼다.

세상을 이롭게 하지 않는 학문이 무슨 소용이 있을까? 현실과 동떨어진 듣기 좋은 말이 어떤 가치를 지닐까? 경영학이 위기에 처한 이유는 자명하다. 고객을 직접 상대해보지 않은 이들의 이론과 주장 때문이다. 실행과 먼 경영학은 세상의 외면을 받을 뿐이다.

경영학이 과거를 논하는 학문이라면 전략은 미래에 대한 이야기를 다룬다. 전략은 현재의 가치가 불확실한 미래로 이동하는 길을 말한다. 그 길에서 사람, 돈, 시간을 어떻게 배치해야 하는가에 관한 방향을 제시한다.

일반적으로 전략은 '수익성 있는 성장을 이루어내는 것' 에 초점을 맞춘다. 자사의 제품과 서비스를 어디서, 어떻게 팔아야 하는가를 제시한다. 결국 매출을 향상시키는 방법들을 총체적으로 지시한다. 그런데 놀랍게도 전략을 강조하는 대부분의 기업들이 자사의 고객이 누구이고 어디에 있는지 명확히 모르는 경우가 비일비재하다. 도대체 어떻게 기업을 경영해온 것일까? 고객이 누구인가 아는 것은 전략에서 가장 핵심적인 부분이다. 다시 말하면 전략이 극명하게 드러나는 대상이 고객이라고 할 수 있다.

영업 현장을 살펴보면 고객이 중요하다는 사실을 모르는 영업사원들은 없는 듯하다. 그들은 모든 사람을 자신의 고객으로 만들고 싶어 한다. 실적을 올려주는 고객이라면 그가 누구이건 좋은 고객이라고 생각한다. 하지만 정말 그럴까? 사주는 고객은 무조건 좋다는 인식은 문제가 있다. 고객을 선별하지 않는 영업 방식은 무작위 수요를 만들어내고 기업의 자원을 분산시킨다. 헛된 곳에 비용을 쓰게 만들고 기회비용을 양산한다. 사례를 들어보자. 하버드 대의 조사에 의하면, 2020년에 미국 기업들은 매년 영업에 미디어 광고비의 3배 이상을, 디지털 마케팅에 비해서는 20배 이상을, 소셜 미디어보다 40배 이상의 비용을 지출했다. 그만큼 마케팅에 비해서 현장 영업에 지출을 많이 하고 있다는 뜻이다. 이렇기 때문에 하버드의 영업을 연구하는 프랭크 세스페데스 교수는 다음과 같은 표현으로 기업의 영업관리의 중요성을 언급하였다.

"21세기의 첫 10년 동안 생산 효율성 개선으로 평균적인 S&P500 기업들은 판매한 상품에 들어간 비용을 약 2.5% 줄일 수 있었다. 그러나 판매관리비SG&A가 매출에서 차지하는 비율은 줄지 않았다. 그렇다면 앞으로는 어디서 경쟁우위를 찾을 것인가?"

한국 상장기업의 매출원가율과 판매관리 비율(%)

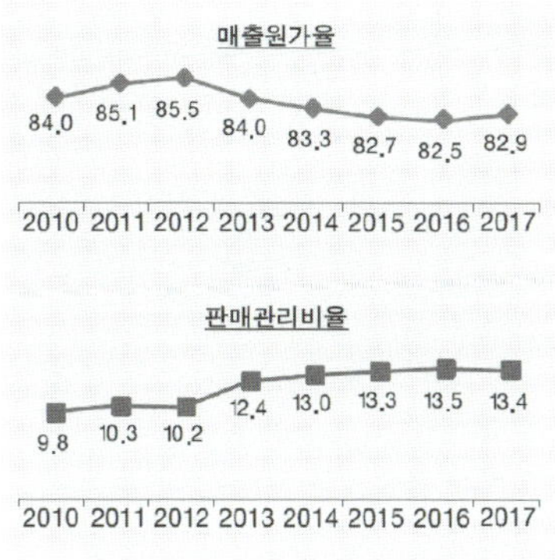

주 : 분석대상 상장기업의 중앙값, 매출원가율=매출원가(제조원가)/매출
판매관리비율=판매관리비/매출

한국 상장기업의 영업이익률 추이(%)

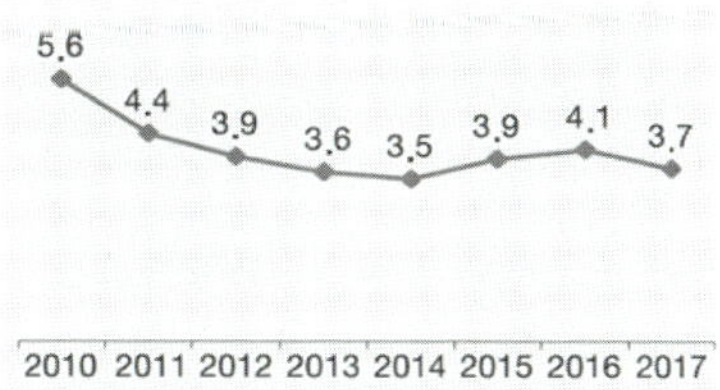

주 : 분석대상 상장기업의 중앙값 영업이익률=영업이익/매출

프랭크 세스페데스 교수 말을 한국기업의 상황에 적용해 보면 그 말의 의미를 새삼 실감할 수 있다. 한국기업의 매출원가율은 줄고 있지만 판매관리 비율은 2010년 이후 높아지고 있는 것을 알 수 있다. 이로 인해서 영업이익률은 감소했음도 알 수 있다.

주요 국가별 대표기업의 영업활동의 경영성과

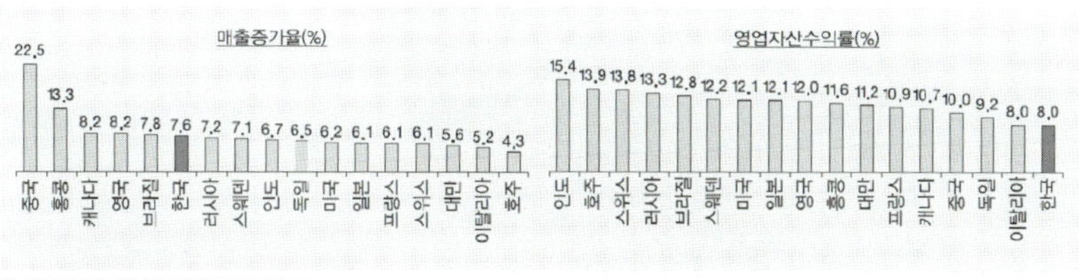

주: 2017년 기준 포함된 기업의 국가별 중앙값 기준

주요 국가별 대표기업의 영업자산회전율과 영업이익률

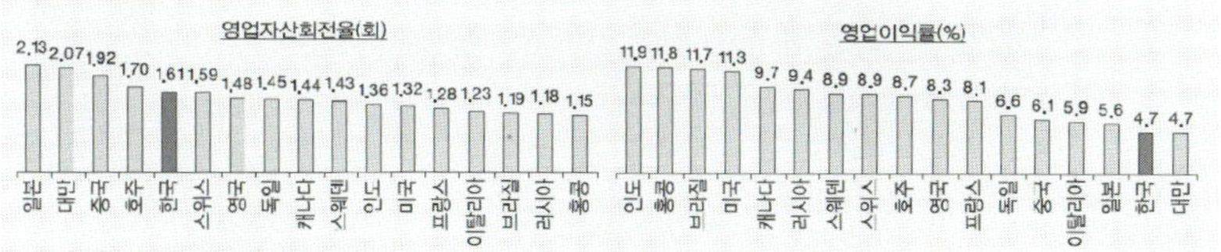

주: 2017년 기준 포함된 기업의 국가별 중앙값 기준

Source : LG 경제연구원, 비 금융 상장기업 중 최근 회계연도 기준 매출 규모가 3000대인 한국 115개, 글로벌 2885개 기업을 대상으로 조사한 '한국기업의 영업성과 분석'

앞의 그림에 의하면 한국기업은 매출액이 증가하고 영업자산 회전율에 영업수익성이 미치지 못하고 있음을 알 수 있다. 이는 그만큼 영업분야가 방치되어 있고 관리의 포인트가 산적해 있음을 의미한다.

실제로 기업은 경영에 있어서 비용의 효율성과 극대화를 추구해 왔다. 그러나, 여전히 기업이 영업에 쓰는 비용은 줄지 않았다. 더구나 비용의 효과성에 대한 연구는 전무한 것이 현실이다. 이는 향후 기업 경영자가 관점을 가져야 할 중요한 경영의 포인트다.

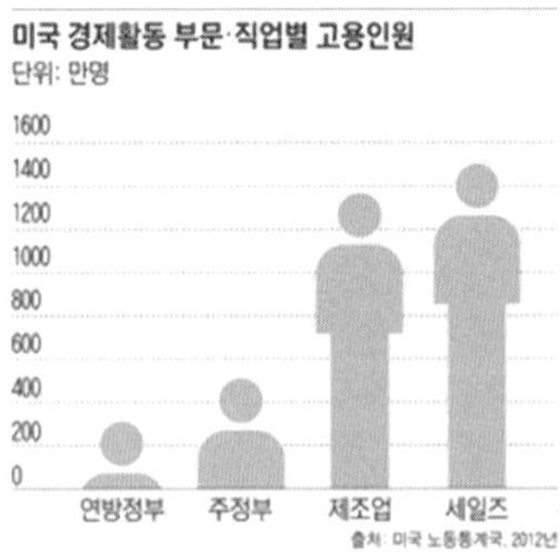

세일즈에 종사하는 인원의 숫자도 어느 업종보다도 많은 것이 현실이다. 한국의 경우도 마찬가지다.

통계청의 발표자료에 의하면 서비스 및 판매에 종사하는 인력은 2020년에 594만 명에 달한다. 이들의 현장교육과 활동교육, 효과성은 경영학 연구의 사각지대에 있다. 현장의 경영자들이 깊이 생각해 보아야 할 대목이다.

경영자는 변화의 본질을 통찰하여 그에 맞는 전략을 짜고 일선 현장에서 실행될 수 있게 만들어야 한다. 모든 것이 온라인으로 대체되는 것 같지만, 온라인은 일 그 자체가 아니다. 비즈니스 환경과 업무를 바꾸고 있는 것이지 일의 의미를 변질시키거나 인력을 대체하는 것이 아니다. 예컨대 자동차 매매는 여전히 오프라인 중심으로 이루어진다. 온라인에서 돌아가는 일들은 대부분 주변적인 것들이다. 오프라인에서 자동차를 사기 위해 자료를 검색하는 케이스가 90%다. 미국의 차량 구매자들은 평균 11시간을 온라인에서 검색하고 3.5시간은 오프라인 매장에서 차량을 둘러본다고 한다. 여기서 중요한 부분은 무엇일까? 검색의 편리와 유용성도 필요하지만, 가장 중요한 부분은 딜러의 역할이다. 사전지식으로 무장한 고객들을 전보다 더 짧은 시간 안에 사로잡아야 하기 때문이다.

전략이 기업의 미래를 좌우한다. 우리 기업에 진정한 전략이 있는지 냉철히 돌아보아야 한다. 단순한 목표나 그럴듯한 슬로건을 전략으로 착각하는 리더들이 있다. "우리의 전략은 최상의 제품을 만들어내는 것이다"라거나 "지속적인 혁신", "훌륭한 서비스"를 주장하면서 직원들이 적절히 호응해 주기를 바란다. 결과는 뻔하다. 아무도 리더의 말에 귀를 기울이지 않는다. 고객들에게 어떤 가치를 제안하고, 어떻게 판매해야 하는지를 구체적으로 명시해야 한다. 무엇보다 변하는 시장에 맞는 전략을 구사해야 한다. 시장은 우리가 세운 전략에 맞게 움직이지 않는다. 시장의 미래와 현재의 흐름을 면밀히 분석하여 내놓은 전략이라도 번번이 외면한다. 그렇더라도 늘 고객들과 접촉하여 그들의 욕구와 불편함을 알아차려 제품과 서비스에 반영해야 한다. 책상과 강의실은 세상을 제대로 바라보기에 제일 위험한 장소다. 영업 세계에서는 더욱 그렇다. 전략도, 실행도 현장이 중심이어야 한다.

실행-2

전략으로 돌아가서

미국 소설가 어니스트 헤밍웨이는 인생이 성숙해간다는 것은 '생활에서 불필요한 복잡성이 없어지는 것'이라고 말했다. 성숙할수록 단순해진다는 뜻이다. 정말 그렇다. 무술의 고수는 누구보다 강한 내공에 뛰어난 실력을 갖추었지만 현란한 동작이나 불필요한 행동을 하지 않는다. 시대의 문장가는 어려운 단어를 남용하지 않는다. 쉽지만 적절한 표현을 간결한 문체에 실어 감동을 자아낸다. 인기 강사도 마찬가지다. 복잡하고 길게 말하지 않고 알아듣기 쉽게 재미있는 비유를 들어 내용을 전달한다.

기업을 경영하는 일은 어떨까? 크게 다르지 않다. 화려하지만 이해하기 힘든 전략은 현장에서 실행되지 않아 십중팔구 실패한다. 반면에 성공하는 전략은 간결하다. 누가 들어도 금방 이해하여 실천할 수 있다. 그러니 성공 확률이 높다.

그리스 신화를 보면 이카루스라는 인물이 등장한다. 그는 새의 깃털과 밀랍으로 날개를 만들어 하늘을 날아다녔다. 세상 모든 것이 자신의 날개 아래 있었다. 기분에 취한 그는 너무 높이 올라가지 말라는 아버지의 경고를 잊은 채 태양 가까이 날아가다가 결국 뜨거운 열에 밀랍이 녹아 날개가 부서지는 바람에 바다로 떨어져 죽고 말았다. 과욕과 오만이 낳은 재앙이다. 그의 이름을 빌려 나온 책이 있다. 경영자들의 필독서로 꼽히는 ≪이카루스 패러독스Icarus Paradox≫라는 책이다. 미국의 경영학자 대니 밀러Danny Miller가 쓴 책으로 한때 하늘 높은 줄 모르고 잘나가다가 이카루스처럼 몰락의 길로 들어선 기업들을 다루었다.

이 책에는 4가지 유형의 실패 기업이 등장한다. 내용을 살펴보면 제목 그대로 역설적이다.

첫째는 집중화focusing의 실패 유형이다. 장인정신으로 무장하고 빈틈없는 운영체계로 성공을 구가하던 기업이 시간이 갈수록 경직된 통제와 좀스러움에 집착하는 기업으로 바뀌게 되고, 종국에는 편협하고 기술관료적인 문화를 형성함으로써 시장에서 종적을 감추었다. 필름시상을 수도하던 코닥과 후지의 상반된 변화는 좋은 시사점이 된다.

둘째는 모험venturing의 실패 유형이다. 경영전략과 실행력으로 무장한 경영자와 창의적인 기획 전문가에 의해서 성공적으로 경영하던 기업이 경영진의 변화 등으로 인하여 충동적이고 탐욕스러운 제국주의 기업으로 바뀌게 되고 결국은 실패의 길로 들어선 기업의 유형이다. 무분별한 사업의 확장은 갖추어져 있었던 경영의 능력을 빼앗게 만들고 조직내부의 커뮤니케이션 기능을 마비시킨다. 현장의 실무 라인은 혼란을 겪게 되고 경영시스템은 시장의 변화와 어려움을 이겨내는데 실패하게 된다. 대우그룹의 변화가 좋은 시사점이 된다.

이제까지 성공의 과실은 바뀐 경영자를 지나치게 낙관적이고 낭비적인 방향으로 만들게 된다. 그로 인해 과도한 확장을 촉진하기도 하며 편법이 마치 창의적인 것처럼 포장되기도 한다. 경영진은 고객으로부터 멀어지고 현장에도 가보지 않게 된다. 뜬금없는 숫자를 들이댐으로써 마치 사이비 과학주의처럼 조직을 끌고 가기도 한다. 관리자들은 감당하기 어려운 짐을 지게 되고 보고와 통제가 비틀리는 우를 범하게 된다. 때로는 잘 알지도 못하는 사업에 진입하여 허둥대고 자원을 남용하게 된다.

이런 유형의 기업에는 4가지의 전략변화가 따라오게 된다. 무모하고 투기적인 전략, 잘 알지 못하는 사업에 뛰어드는 충동적인 확장, 감당 못할 웅장한 전략으로 인하여 실질적인 운영상의 문제 해결책을 찾지 못하는 것, 책임 없는 위험 감수로 감당하기 어려운 부채의 증가와 많은 자원의 낭비를 가져오는 것의 4가지다.

셋째는 발명inventing의 실패 유형이다. 이 유형은 뛰어난 연구개발과 제품개발 조직을 운영하여 선도적인 제품을 구비하던 기업이 스스로를 현실도피주의자 기업으로 바꿔어 버림으로써 편협한 시장에 들어가 버리고 마는 기업이 되는 유형이다. 노키아 같은 기업이 여기에 해당한다.

넷째는 유리화decoupling의 실패 유형이다. 최고의 브랜드와 마케팅 역량으로 시장을 확보하고 있던 기업이 판매에 대한 과도한 밀어내기 정책으로 본질의 역량을 버리게 되고 그럼으로써 진부하고도 지리멸렬한 '모방제품'을 양산하여 결국에 가서는 방향 감각을 잃어버리게 되는 유형이다. 미국의 자동차 업계로부터의 시사점을 얻을 수 있다.

당신의 기업은 어느 쪽인가? 어디에서 실패하고 있는가? 그것을 극복하려면 어떻게 해야 하는지 알고 있는가? 이와 관련하여 기억해두면 좋을 문장이 있다.

"변화의 시점을 알려주는 종소리란 없다. 또 그것을 알기 위한 확실한 규칙 같은 것도 있을 수 없다. 오로지 판단의 문제일 뿐이다. 유일한 지상 명제가 있다면, 모든 경영자들이 언젠가는 과거의 업적과 전쟁을 벌여야 한다는 가정을 지니고 기업을 운영해야 한다는 것이다."

≪이카루스 패러독스≫에 나오는 문장이다. 그렇다면 실패의 조짐을 알 수 있는 방법이 있을까?

경영자들에게 전략과 운영에 관한 분석 결과를 제공하는 CEBCorporate Executive Board의 매슈 올슨과 데릭 반 베버Mattew S. Olson and Derek van Bever는 기업들을 대상으로 조사한 결과를 바탕으로 ≪스톨 포인트Stall Points≫라는 책을 공저했다. '스톨'은 본래 항공업계에서 사용하는 용어로 비행기가 추진력을 잃고 급강하하는 것을 말하는데, 이 책에서는 '기업이 정체를 겪으며 매출의 성장 둔화가 뚜렷해지는 것'을 가리킨다. 1955년부터 2006년까지 「포춘」 100대 기업에 한 번 이상 포함되었던 기업 503개를 대상으로 스톨 포인트의 발생 여부를 조사했는데, 어느 특정 기업에서만 일어나는 현상이 아니며, 스톨에 빠지는 것을 기업 스스로 눈치채기가 힘들고, 스톨의 함정에 빠지면 빠져 나오기가 극히 어렵다는 사실을 밝혀냈다. 조사 대상 기업들 중에서 76%는 스톨에 빠져 결국 재도약에 실패했고, 불과 13%만이 스톨을 극복하여 지속성장을 해나갔다.

저자들이 밝혀낸 또 하나의 흥미로운 사실이 있다. 스톨을 발생시키는 근본 원인으로 외부 요인기업 스스로 통제할 수 없는 요인이 13%였고, 내부 요인기업 스스로 통제 가능한이 87%로 나타났다. 87%의 내부적 요인 중에는 전략적 요인이 70%핵심 사업의 성급한 포기, 선두 수성에 대한 과신, 인접 영역으로의 확장 실패 등였으며, 조직적 요인이 17%인재 부족, 이사회의 무능, 비현실적인 목표 등를 차지했다.

기업의 성패는 경영자가 내린 전략적 선택의 직접적인 결과다. 이카루스처럼 너무 높이 날아서도, 어렵다며 너무 성급히 포기해서도 안 된다. 어떤 경우에도 스톨에 걸려 넘어지지 않을 수 있는 경영의 지혜가 필요하다. 외국 기업으로는 애플을 비롯해서 마이크로 소프트, 월트 디즈니, 레고, 후지, 구찌 같은 기업들이 경영의 지혜를 발휘하여 스톨을 극복한 기업들이다.

실행-3
AI Artificial Intelligence 의 활용

영업의 성공 기준은 '3S'로 요약할 수 있다. 전략적Strategic이어야 하고, 체계적Systematic이어야 하며, 과학적Scientific이어야 한다. 이 기준은 4차 산업혁명시대의 화두인 AI를 활용할 때에도 그대로 적용된다.

1 단계 : 유행과 현실 사이

경영자들은 트렌드에 관심이 많다. 주변의 환경 변화에 민감하다. 어떤 경우에도 시장의 흐름에서 낙후되고 싶지 않기 때문이다. 경영자들의 이러한 속성을 자극하고 이용하는 이들이 있다. 그들은 반드시 트렌드를 따라가야 한다고 주장한다. "지금은 AI를 해야 한다. AI를 하지 않으면 기업은 뒤처질 수밖에 없고 위태로워진다"는 식으로 말한다.

트렌드를 경영에 반영해야 한다는 말은 맞지만, 기업의 이익에 부합하지 않는 경우도 적지 않다. 가장 큰 문제는 경영의 우선순위에 혼란을 가져오는 것이다. 경영의 요체는 트렌드를 따르는 것이 아니라 제품과 서비스를 판매하는 것이고, 고객을 우선하는 것이다. 그런데 트렌드와 현실 사이의 갭을 좁히느라 에너지를 쓰다 보면 고객을 후순위에 두게 될 수 있다. 경영자는 고객중심을 제1원칙으로 삼아 고객의 필요에 민감하게 반응해야 한다. 트렌드에 편승하여 피상적이고 개념적으로 대응하지 말고 고객에게 정확하고 일관된 메시지를 보내야 한다. 직원들에게도 트렌드를 추종하여 신제품을 개발하라고 압박하거나 판매를 독촉하는 대신 고객의 이슈에 집중할 것을 끊임없이 요구해야 한다.

전략의 변화를 시도할 때에도 고객을 위한 최적의 제품과 서비스를 믹스하는 일에 관심을 두어야 한다. 어떤 경우에도 유행에 경도되어 고객을 놓치는 우를 범하지 말아야 한다. 이는 영업조직이나 영업사원들에게 맡길 일이 아니다. 경영자가 직접 나서야 한다.

트렌드는 실행으로 적용하기까지 많은 단계와 시간을 요하고, 성과로 연결되려면 보다 정교한 작업이 필요하다.

영업은 고객 기반 위에서 기업의 성공을 만들어가는 실행 그 자체이므로 현실적이고 구체적이고 고객지향적이야 한다. AI 활용도 이와 같은 전제 위에서 검토되고 추진되어야 함은 말할 나위가 없다.

2 단계 : 현장적 시야 그리고 AI

AI는 데이터를 기반으로 작동한다. 축적한 데이터가 많을수록, 데이터의 전처리가 잘되어 있을수록 효과를 발휘한다. 세상에 널리 알려진 AI의 상징 알파고가 바둑의 1인자인 이세돌을 이길 수 있었던 것은 수많은 기보데이터가 입력되고 변화무쌍한 경우의 수에 응수하는 법을 소화하여 학습한 결과다.

기업은 AI를 어떻게 경영에 활용할 수 있을까? AI를 구성하는 역전파, 과적합, 렐루함수, 시그모이드, 블랙박스, 화이트박스 등등을 이해하면 될까? 작동원리를 잘 알면 현실 경영에서 성과를 올리는 방법이 보일까? 어림없는 소리다. 트렌드가 매출을 보장하지 못하듯이 AI가 성과로 직결되는 경우는 없다. 어떻게 해야 할까?

AI를 도입하고자 한다면 그전에 먼저 해야 할 일이 있다. 역할 분담이다. 영업 현장에서 무엇을 AI에 맡기고 무엇을 사람이 담당해야 할지를 명확히 구분해야 한다. 생각처럼 쉽지 않을 것이다. 현장과 밀착된 시야와 데이터가 부족하다면 더 그럴 것이다. 여기에서도 고객과 현장의 중요성이 부각된다.

최근의 연구결과에 따르면 고객 관련 데이터에 AI를 활용하여 개별 맞춤화한 프로모션을 진행할 경우 매출 증대로 이어진다는 사실이 드러났다. 특히 첨단 제조업일수록 더 큰 효과를 거두었다고 한다. AI는 수요 요인에 기반한 데이터 처리를 통해 예측 정확도를 10~20% 향상시켰고, 이것이 재고 비용의 감소와 수익의 증가로 이어졌다.

여전히 영업의 많은 부분이 인적 영역으로 남아 있는 은행의 경우는 어떨까? AI시대에 은행은 어떤 영업에 치중해야 할까? 몇 년 전부터 은행 고객의 이용에 큰 변화가 생겼다. 단순 입출금이나 이체, 신용카드 등에서 은행은 더 이상 고객이 의지하는 곳이 아니게 되었다. 카카오뱅크나 네이버 등이 새로운 경쟁자로 등장했기 때문이다. 이들 경쟁자들은 비대면의 편의성으로 무장하고 낮은 금리와 수수료를 기반으로 기존 은행의 업무를 재빠르게 대체해가고 있다. 이런 상황에서 은행을 계속해서 이용하려는 고객들은 누구일까? 둘 중 하나일 것이다. 디지털에 익숙하지 않거나 보다 전문적인 서비스를 받고자 하는 고객일 것이다. 따라서 은행이 취할 수 있는 전략은 명확하다. 단순 업무는 디지털 도구에 맡기고 보다 높은 수준의 금융서비스를 제공하는 것이다. 이에 적합한 분야는 기업금융과 자산관리다. 직접적 관계와 인사이트를 기반으로 하는 인적 판매가 중요한 분야이기 때문이다. 고객이 원하는 세밀한 부분까지 살펴서 선제적으로 대응하는 것이 중요하다. 선제적 대응과 함께 고객의 미인식 욕구나 거래과정의 불편함을 제거하는 제안영업이 필요하다. 고객이 원하는 서비스는 물론 미처 인식하지 못하는 서비스까지 세심하게 제공하는 활동을 전개하는 영업이 은행의 성공을 약속할 수 있다. 이를 '풀 포텐셜 영업Full Potential Sales'이라고 한다.

풀 포텐셜Full Potential은 잠재력을 극대화한다는 뜻이다. 이것이 영업에서 가지는 의미는 2가지다. 하나는 고객들이 부지불식간에 놓칠 수 있는 부분을 세밀하게 살펴서 때로는 아이디어 차원으로, 때로는 혁신 차원으로 보완하여 서비스를 선도하는 것이다. 다른 하나는 권역 내의 잠재 고객들을 방치하지 말고 개척하는 것이다. 고객들과의 긴밀한 접촉으로 데이터를 모으고 정리하여 AI를 활용의 기반으로 삼아야 한다. 위의 사례를 가지고 다른 관점으로 살펴보자. 예를 들었다시피 은행의 창구영업은 최근 들어서 많이 축소되었다. 단순업무의 자동화 때문이었다. 그렇다면, 단순업무에는 서비스의 기회란 없는 것일까? 자세히 살펴보자, 은행 창구에는 자동화 기계에 익숙치 않은 고객들이 올 것이다. 자동화 기계나 온라인에 익숙치 않은 고객이라고 해서 서비스를 마다할까? 그건 아닐 것이다. 창구 직원 서비스는 단순업무의 처리에 국한되지 않는다. 영업의 감이 있는 직원이었다면 순간적으로 고객의 데이터를 보고 재치 있게 상품을 권했을 것이다. 이런 센스있는 직원이 활용할 수 있도록 AI가 도움을 주면 어떨까? AI를 활용한다는 의미는 무조건 비대면만을 의미하지 않는다. 이 또한 품 포텐셜이 되는 것이다.

'인사이트 셀링insight selling'이라는 말을 들어보았을 것이다. 고객에게 의미 있는 솔루션을 찾아 제안하는 영업을 말한다. 고객이 기업이든 자산가이든, 인식하든 못하든 가치 있는 금융서비스를 제공하는 은행이 살아남는다.

3 단계: 데이터와 AI

영업에서 AI를 적용할 수 있는 주요 분야는 고객의 발굴과 확보, 수익화로 영업사원의 생산성을 높일 수 있는 대상이다. AI는 고품질의 영업 기회를 창출하고, 고객의 욕구와 선호에 대한 통찰력을 얻고, 다른 채널과의 관계를 적절히 조절하며, 교차판매와 상향 판매의 기회를 찾고, 고객 이탈을 방지하는 등의 지원을 할 수 있다. 결과적으로 매출 증대, 비용 절감, 생산성 향상, 판매환경 개선에 기여할 수 있다.

AI를 영업 성공의 조력자로 삼으려면 영업 관련 데이터를 정리해놓아야 한다. 좋은 예측은 충분한 데이터에서 나온다. 축적된 데이터가 많을수록 경쟁자보다 빠르게 현재를 파악하여 미래를 대비할 수 있다.

영업을 AI화할 때 직면하는 어려움은 데이터를 축적하고 통합하는 일이다. 시간도 오래 걸리고 비용도 많이 든다. 하지만 그보다 더 어려운 과정이 있다. 데이터의 공유다. 데이터가 공유되지 않아 고객을 위한 의사결정에 사용되지 못하는 경우가 적지 않다. 그 이유 중 하나는 현장의 데이터들이 회사의 자산이 아니라 개별 영업사원의 생존자산으로 간주되는 현실이다. 이 때문에 고객 단위 및 세분 시장의 우선순위를 설정하기가 어려운 실정이다. 데이터를 체계적으로 입수하고 필요 데이터를 적시에 적절하게 공급할 수 있는 프로세스를 구축할 필요가 있다. 고객 중심의 데이터 트랜스포메이션이 가능하게 만들어야 한다. 그렇지 않으면 '고객중심'은 조직의 현실이 아닌 상징적 슬로건으로만 남게 된다.

4 단계: 투자수익률과 AI

모든 활동에는 일정한 비용이 소요된다. 제품과 서비스를 제공하는 데도 비용이 들고, 이를 구입하는 데도 비용이 들어간다. AI 역시 예외가 아니다.

AI의 용도는 다양하다. 그 중에서도 제일 많이 활용되는 부문은 평가와 예측이다. 문제는 정확도다. AI는 데이터 기반의 소프트웨어이기 때문에 낮은 품질이나 높은 품질이나 같은 비용이 들게 된다. 예측의 정확도가 떨어진다면 누가 그 서비스를 구입 하겠는가. AI를 설계할 때 정확도에 중점을 두어야 한다. 어떤 요소가 고객의 행동 변화를 일으킬 가능성이 높은지를 가려내어 잠재 고객들을 발굴할 수 있게 해야 한다. 핵심은 투자수익ROI이다. 무엇이 효과적이었는지 확인하여 AI에 대한 판단을 내려야 한다.

정확도를 신뢰할 수 있다면 AI는 더 많은 전환의 기회를 만들어낼 수 있다. 기업이 최선의 결과를 내기 위해 얼마를 어디에 써야 하는지 가늠할 수 있게 해주고, 주관적 감으로 추측하고 판단하는 경우를 최소화할 수 있게 만들어주고, 통찰력을 발휘하여 투자수익률을 높일 수 있게 도와준다.

5 단계 : 경영자와 AI

AI의 도입으로 경영자의 역할에도 변화가 나타나기 시작했다. 가장 눈에 띄는 변화는 의사결정의 요인이다. 예전에는 경영자나 영업관리자의 경험과 지식에서 우러나온 직관이 의사결정을 좌우했다면 요즘에는 데이터 중심의 결과 분석이 경영자의 의사결정을 도와주고 있다.

현재 시점에서 AI의 잠재력을 실현하는 가장 좋은 방법은 가능한 한 '좁혀서 실행하는 것'이다. 단일 지리적 영역, 브랜드 또는 채널 내에서 작고 빠르게 돌릴 수 있는 실험을 실행하는 것이다. 이는 더 효과적인 실행과 확산 적용의 기초가 될 것이다. 주의할 점은 결과 도출에 대한 성급함과 AI에 대한 신뢰의 정도다. 앞에서도 지적했듯이 AI 활용은 충분한 데이터가 전제되어야 하므로 서둘러 원하는 결과를 얻으려 하지 말고 준비에 만전을 기해야 하며, 무엇을 추진할 것인가 보류할 것인가에 대한 최선의 결정을 내리는 데 AI의 결과를 어느 정도 신뢰할지를 신중히 고려해야 한다.

분명한 사실은 AI의 가치 창출은 어느 한 조직이나 전문가의 노력과 통찰력으로 이루어지지 않는다는 점이다. 성공적인 AI모델을 만들고자 한다면 전반적인 요소들을 융합하고 조정할 수 있는 경영자의 역할이 중요하다. 현장의 목소리를 담아내는 영업사원, 이슈를 가진 고객, 빅데이터 전문가,

데이터 과학자, 머신 러닝 엔지니어 등을 아우르고 한 방향으로 연결할 수 있어야 한다. 필요하다면 전략과 현장, 기술의 경계를 넘나들 수 있는 적임자를 내세워도 좋을 것이다. AI를 효과적으로 활용하는 경영자는 "학습"을 하는 경영자이며 가장 작은 일부터 "AI를 적용해 가는"경영자이며 "AI의 기초가 되는 데이터를 정리하고 활용할 줄 아는" 경영자이다.

경영자의 역할은 끝이 없다. 하지만 모든 것을 알 수도 없고 모든 일을 행할 수도 없다. 하지만 절대 잊지 말아야 하는 것이 있다. '진정으로 중요한 것은 성과를 내는 행동과 사고'다.

실행-4

ESG[Environment, Social, Governance]와 Sales

경영자가 ESG[Environment, Social, Governance]를 보는 관점과 영업활동에 적용

바이든이 미국 대통령으로 취임했다. 2021년은 ESG의 해라고 한다. 그린 뉴딜 정책이 본격화될 것으로 예상하기 때문이다. 탄소 배출량 제로를 선언하고 친환경 인프라에 투자하겠다는 공약이 투자자들의 조준선 정렬의 포인트가 되었다.

"착한 기업에 착하게 투자하자"는 구호는 꽤나 오래된 슬로건이었다. 적어도 30년은 넘었을 것이다. 이렇게 슬기롭고 오래된 구호임에도 불구하고 왜 활성화되지 못하고 있었을까? 답은 간단했다. 착한 기업은 투자 수익률이 높지 않았기 때문이었다.

답은 간단했지만 이유는 매우 다양했다. 기업에도 문제가 있었지만 못지않게 투자자에게도 있었다. 기업을 바라보는 사회에도 분명코 이유는 있었다. 각자가 추구하는 관점이 달랐기 때문이었다. 일관성의 문제도 있었고 언행불일치의 문제도 있었다. 기업의 사회적 역할을 주장하는 목소리가 있었고 기업도 그렇게 하자고 결의를 수도 없이 했었지만 뉴스의 한 코너로 장식되는 것으로 그쳤을 뿐이었다. 이는 상호 불신의 출발이었다.

사회적 자본Social Capital은 영업의 세계에서 만이 아니라 기업 전체적으로도 중요한 화두가 되었다. 사회적 자본Social Capital의 코어에는 신뢰Trust가 있기 때문이다. 신뢰는 다양한 기반에서 만들어지지만 대표적인 것 두 가지를 꼽자면 일관성, 언행불일치다.

기업이나 사회나 어제 주장한 것과 오늘 주장하는 것이 너무도 달랐었다. 거기에 더해서 달랐던 것에 대해 부끄러움도 없었다. 예전에 기업이 추구하는 가치가 오로지 돈이었기 때문이었다. 그 상황에서 사회, 환경, 투명성, 직업적 정직성, 연대의식이라는 가치를 상징하는 단어는 어울리지 않았었다. 언행불일치도 한몫 했었다. 기업이나 단체, 기관 등이 내걸었던 말 들은 발표 후에 순식간에 머리 속에서 지워졌다. 살기가 어려웠던 시절이었기 때문이었을 수도 있었다. 그 시절에는 아무것도 내세울 것이 없으니 남는 건 오로지 "기업을 믿으라는 것"이었다. 넘버 쓰리라는 영화에서 송강호라는 배우의 대사가 생각나지 않을 수 없었다. "내가 현정화라고 하면 현정화야!!!"라는 장면 말이다.

지금의 시대는 영화 대사 속의 진실은 현정화가 아니라 임춘애임을 누구나 다 아는 세상이 되었다. 더구나, SNS의 해시태그#는 온갖 사람들의 주목을 받는 세상이 되었다. 해시태그를 이용해서 활발한 의견을 나누고 확산을 유도한다는 점에서 이는 하나의 행동주의로까지 발전하게 되었다. 이제 기업은 SNS를 통해서 평판 들여다 보기가 일상화 되었다. 영업의 세계에서도 해시태그는 중요한 영업의 방향이 되고 있다.

기업이든 기관이든 "믿고 구입해 주시면 알아서 하겠다"라고 목이 터져라 외칠지라도 정보가 많아진 고객입장에서 "기업을 대하는 것 자체가 부담일지도 모르는" 상황에 다다랐다는 것이다. 이제 기업은 "거래하기 편리한 기업"이 되어야 한다. 거래하기 편리한 기업이란 표현 그대로의 의미를 담고 있지만 "투자하고 싶은 기업"을 의미하기도 한다.

착한 기업은 소비자의 사랑을 받으면서 그리고 투자와 연결되기 시작했다. 예전과는 달리 착한 기업이 투자 수익률에도 매력적이 되었기 때문이다. 투자와 수익의 미스매치가 없어진 것이다. 미스매치의 해결은 ESG 등장의 무대를 깔아주었다. 그 중심에는 "평판이 기업에 직접적인 영향을 준다는 것"이 자리잡고 있고 "평판이 곧 재무적 손익"의 등식이 성립되었기 때문이다. 뜻이 좋은 기업이라면 소비자와 투자자가 적극 화답하는 시대가 된 것이다. 사업의 취지가 좋으면서 게다가 플러스해서 성장까지 되는 기업이 되니 자연히 각광을 받기 시작한 것이다. 영업사원의 행동방향과 영업멘트도 정렬해야 한다.

경영자의 ESG를 보는 첫 번째 관점이 여기에 있다. 자신 사업의 구조가 과연 투자자가 화답할 수 있는 구조인지, 그런 일을 하는지를 돌아볼 필요가 있게 되었다. 바꾸고자 한다면, 어떤 부분을 새로 시작하고 어떤 부분을 보완해야 하는지를 살펴보아야 한다. 그 중심에는 "신뢰"가 자리잡고 있다.

기업이나 기관, 영업 직원이 올바른지 아닌지는 고객이나 사회가 평가하기도 하지만 내부 직원이나 이해 관계자들도 평가하기 시작했다. 어떤 경영자의 올해 신년사의 한 구절은 "사회 구성원과 이해관계자들에게 사랑받는 기업이 돼야 한다"는 것이다. 이 한 문장에는 평가의 의미를 담고 있음을 상징한다.

구글 모회사인 알파벳에는 금년에 노조가 만들어졌다. 이름은 알파벳 노조Alphabet Workers Union이다. 구글은 알파벳이라는 기업의 자회사이다. 알파벳의 자회사는 구글을 비롯해 생명공학업체, 사모펀드, 인공지능, 자율주행차 등 10여 개의 자회사가 있다. 하나같이 첨단사업들이다. 알파벳은 노조를 결성하면서 '악惡해지지 말자Don't be evil'는 캐치프레이즈를 내 걸었다. 노조의 목표는 임금 협상을 잘하고자 하는 것이나 직원 복지를 위한 것이 아니었다. 그 동안 추구해 왔던 구글의 가치를 지켜 달라는 아주 단순한 요청을 위한 것이었다. 사회에 도움이 되는 기업과 세상을 의해 좋은 일을 하는 기업으로 남아달라는 요청을 한 것이다.

이제는 기업이 내거는 슬로건도 구호나 보여지는 것만 아니라 실천해야만 하는 대상이 된 것이다. 그럴듯한 슬로건이나 거짓 정보로 직원이나 고객, 이해관계자를 속이기 힘든 세상이 되었다. 구글뿐 만이 아니었다. 스타벅스, 마이크로소프트, 아마존 등의 기업에서도 인종차별에 관한 문제, 기후변화에 동참하는 문제, 성희롱에 관한 문제에 대해서 직원들이 회사에 대해 거침없이 문제제기를 하고 있다.

기업의 외부든 내부든 착한 기업의 모습을 요구하는 시대가 되었다. 주주에서 이해관계자로, 자신의 제품이나 서비스 중심에서 안전과 사회적 기여로, 제한된 인력고용과 강한 통제에서 폭 넓은 고용과 차별 없는 소통으로 바뀌는 세상이 되었다.

여기에 속도감까지 장착하게 되었다. 기업의 신뢰를 표현하는 방식에 디지털과 AI라는 고성능 엔진이 붙기 시작한 것이다. 기업 내외부의 정보는 디지털을 타고 다니면서 급격하게 확산하는 세상이 되었고, AI는 이를 과학화하는데 일조를 하는 세상이 되었다.

예를 들어보자, 금융분야에서 점점 더 중요하게 간주되고 있는 ESG 도구 중의 하나는 측정이다. 금융기관의 지속 가능성과 비즈니스 및 사회적 영향을 빅데이터나 AI같은 도구를 활용하여 측정할 수 있다는 것이다. 투자자들이 기업을 살펴볼 때에 잠재적 문제가 있는지를 파악함과 함께 ESG 분야에서 기술의 선제적 적용 같은 리더십을 보이는지 여부를 확인하려고 하기 때문이다. ESG 데이터에 대한 펀드 매니지의 수요는 계속 증가하고 있다. 이러한 수요를 충족하기 위해 몇 개의 기관은 이미 머신 러닝과 데이터 과학 기술의 활용을 하고 있다. 이들은 머신 러닝 및 자연어 처리NLP를 사용하여 뉴스 스트림Stream을 검토하고 잠재적인 ESG 논란에 대한 뉴스 기사를 분류하는 모델을 활용하여 전략화하는 프로세스의 속도를 높이고 있다. 다음의 그림은 ESG관련 정보를 처리하고 전략화하는 과정을 보여주는 것이다.

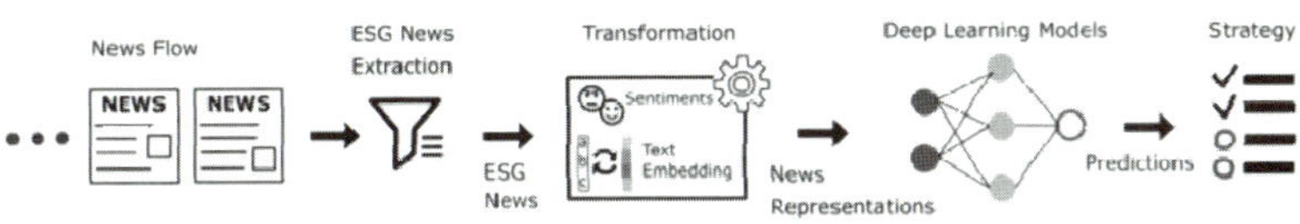

Figure 2: Pipeline of the ESG2Risk Framework.

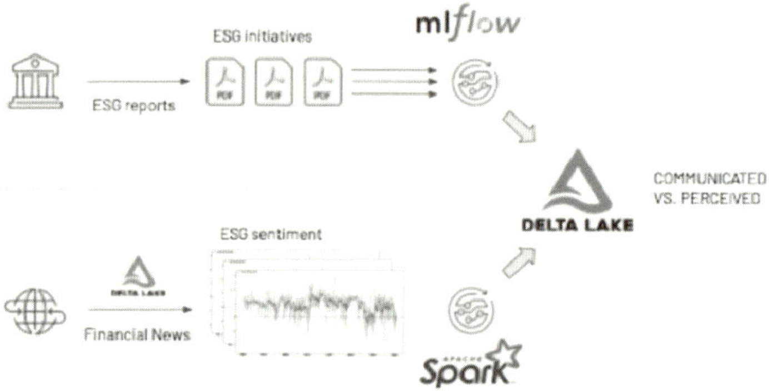

또 다른 사례도 있다. 고객과 이해관계자들 또한 기업에 의사표현을 적극적으로 하는 시대가 되었다. 그 중의 하나가 기업의 정보나 관련 뉴스에 댓글을 다는 것이다. 우리는 지금 댓글 문화Reply Culture에 살고 있다. 댓글은 단순히 보면서 넘겨 버릴 수도 있었다. 얼마 전까지만 해도 댓글은 일부 적극 표현 계층이나 공격적 성향 사람들의 부정적인 것으로 여겨지기도 했었다. 기업에 대한 고객의 표현은 뉴스화 되기 이전에는 기업의 홈페이지에 있는 고객의 소리 코너 같은 것으로 통해서 기업에 전달되었을 뿐이었다. 시대가 변했다. 그것도 빠르게. 이제는 사람들의 글을 분석하기 시작하게 되었다. 기업내부는 내부 커뮤니케이션 망의 소리로부터, 외부는 각종 기업 관련자료와 공시들에 대한 평가로부터 올라오는 소리를 재료로 분석하기 시작하였다.

예컨대, 글 속에 숨은 감정이 긍정적인 반응인지 부정적인 반응인지를 빅데이터로 분석하는 것을 감성분석Sentiment analysis이라고 한다. ESG의 각 항목별로 해당 기업에 대한 평가를 감성분석으로 하려는 시도는 급격한

진전을 이루고 있다. 이는 기업의 사회적 평가에 중요한 잣대로 작동하고 있다.

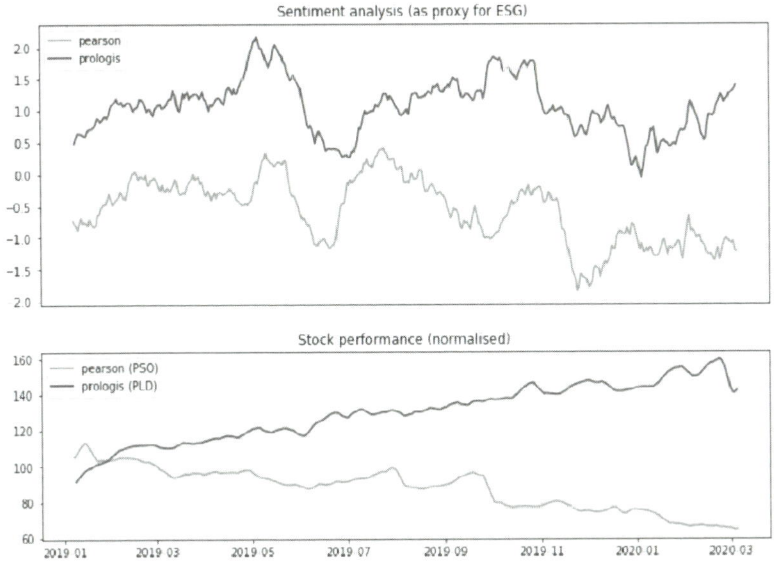

그렇다면 실제로 ESG 정보가 이해 관계자들의 행동에 영향을 주었을까?라는 의문이 생긴다.

닐슨 글로벌AC Nielson Global의 데이터는 시사하는 바가 크다.

닐슨은 고객이 친환경 제품과 서비스에 대한 프리미엄을 지불할 의사가 있는지 여부를 평가하기 위해 북미, 중남미, 유럽, 아시아·태평양, 중동 및 아프리카 전 60개 국가에서 30,000명의 소비자를 대상으로 설문 조사를 실시하였다. 조사 결과 북미와 유럽에서는 소비자의 40%가 기꺼이 더 지불하고자 하는 의사가 있음이 나타났다. 반면, 북미나 유럽보다 결과가 낮을 것이라고 예상하던 아시아 태평양, 라틴 아메리카, 중동/아프리카 지역은 오히려 60퍼센트나 더 지불할 의사가 있었음이 나타났다. 이는 ESG정보를 받아 들이는 고객의 수요층이 전 세계에 걸쳐서 관심사항이 되고 있음을 말해준다. 역설적으로는 이미 북미나 유럽의 경우는 ESG의식이 정착화되었고 기타 지역은 관심이 높아지고 있음으로 해석할 수도 있다.

그렇다면, 이러한 응답이 실제 판매 실적에 영향을 주었을까?라는 현장조사도 이루어졌다. 9개국의 20개 브랜드에 걸친 소매 판매 데이터를 갖고 2014년 연간 분석을 한 결과 제품 포장에 지속 가능성 활동을 언급한 제품은 연 평균 2%씩 판매가 증가한 결과를 보였으며 적극적으로 마케팅 프로그램을 통해 지속 가능성 활동을 촉진한 제품의 경우는 연평균 5%씩 매출이 증가한 결과를 보였다. 갭GAP제품에 대한 현장실험도 있었다. 연구진들은 제조 단계에서 수질 오염을 줄이기 위한 프로그램을 시행했다는 정보를 새긴 청바지의 상표의 판매량을 조사했다. 그 결과 여성고객의 판매는 8% 증가시켰지만 남성이나 아울렛 고객의 판매에는 뚜렷한 영향을 미치지 않았다는 것을 발견했다. 그들은 이 연구 결과가 가격에 민감한 시장에서는 녹색 제품에 별로 민감하지 않기 때문이라고 결론을 내렸다. 111개의 바나나 리퍼블릭 아울렛 매장에서의 현장 실험도 비슷한 결과를 도출했다. 공정한 노동 기준을 갖췄다는 라벨을 붙인 경우 고가의 여성 의류 판매를 14% 증가시켰지만, 저가 제품의 판매에는 아무런 영향을 미치지 않는 것으로 나타났다.

조사는 다양하게 이루어졌다. 기업의 사회적 성과가 높은 기업들이 더 나은 평판을 얻고 더 일하기 좋은 곳으로 인식되는지 여부에 대해서도 조사가 있었다. 미국의 160개 기업을 대상으로 기업의 사회적 성과 평가를 실시했다. 75명의 MBA 학생들이 5점 만점 척도를 사용하여 기업의 평판과 기업 경영자로서의 매력이라는 측면에서 각 기업을 평가했다. 그 결과 ESG 평가와 조사결과 사이에 강력하고 긍정적인 연관성을 발견했다. 기업의 취업 지원자들이 해당기업의 사회적 성과를 인식하고 있고 이에 대해 더 긍정적인 평가를 받는 기업들이 더 낮은 등급을 가진 기업들보다 더 많은 지원자들을 이끌기 때문에 이들이 경쟁 우위를 가질 수 있음을 시사하는 것이었다.

사회적 책임 정책이 직원 보상과 직원 성과에 미치는 인과관계도 조사되었다. 기업에서 600명에 가까운 신입사원에게 무작위로 사회적 책임 업무를 할당한 뒤 이 사회적 책임 업무사회적 책임 의도에 대한 언급이나 기업 자선 프로그램가 직원의 행동에 미치는 영향을 관찰했다. 급여를 받는 직원들은 그들이 고용된 후에 그 직업을 위해 기꺼이 받아들이고 업무 수행에 동의했다. 이러한 실험은 사회적 책임에 대한 정보가 직원들의 급여 요구 조건을 낮추고 고용주를 위해 기존의 업무 '이상'으로 일을 할 수 있는 가능성이 높아지는 것을 보여줬다.

또한 일반적으로 더 높은 임금을 받고 더 높은 성과를 내는 근로자들이 성과가 저조한 노동자들보다 기업 자선 프로그램에 더 호응하고, 이를 갖춘 회사에서 일하기 위해 임금 차이를 기꺼이 포기한다는 것을 보여주었다.

ESG 성능의 장기적인 영향

최근의 연구는 ESG 성능의 장기적인 영향에 대해 조사했다. 연구자들은 2000년대 중반에 일어났던 지속 가능성 이슈에 대한 유행이 발생하기 훨씬 전인 1990년대에 상당한 수의 환경 및 사회 정책을 채택한 90개 기업을 식별했다. 이러한 90개의 '높은 지속 가능성'을 가진 기업은 1990년대에 동일한 산업 및 유사한 규모, 수익성, 성장 기회 및 레버리지를 가졌지만, 환경 및 사회 정책이 부재한'낮은 지속 가능성' 기업에 대응되었다. 연구자들은 회사에서 이러한 정책들이 채택된 지 15년 이상 동안, 지속 가능성이 높은 기업들은 이사회에 지속 가능성에 대한 책임을 물을 가능성이 더 높았고, 최고 경영자들의 보상은 지속 가능성이 낮은 회사들에 비해 지속 가능성 지표에 의존할 가능성이 더 높다는 것을 발견했다. 높은 지속 가능성의 기업은 2009년에도 우수한 이해관계자 참여 관행을 가지고 있었다. 즉, 이해관계자의 우려를 파악하고 해결하며, 관련 이해관계자와의 고충처리 메커니즘에 대한 합의를 도출하고, 이해당사자의 참여와 일반 대중과의 해결로 회사가 투명해질 가능성이 더 높았다. 지속 가능성이 높은 기업은 지속 가능성이 낮은 기업보다 더 장기 지향적이었으며, 분석가들과의 전화 회의에서 더 많은 장기적 측면 관련의 용어를 사용하며, 더 많은 장기 투자자를 유치했다. 또한 지속 가능성이 높은 기업은 ESG 측정 및 공개 관행이 우수했다. 지속 가능성이 높은 기업은 주식 수익률 면에서 지속 가능성이 낮은 기업을 크게 앞질렀다. 환경 영향력이 큰 기업, 인적 자본과 브랜드를 중심으로 경쟁하는 기업, 소비자가 직면한 산업 분야 기업 등에서 실적 상승이 크게 집중되었다.

신뢰 수준

이해관계자 참여 문제와 관련하여, 사회적 자본 투자를 통해 쌓은 기업과 이해관계자 및 투자자 간의 신뢰는 기업과 시장에 대한 전반적인 신뢰 수준이 부정적인 충격을 받았을 때 성과가 있다는 연구 결과도 기록됐다. 한 연구에서는 연구자들이 2008~2009년 금융 위기 동안 기업의 ESG 실적 평가를 측정했을 때, 사회적 자본이 많은 기업은 사회적 자본이 적은 기업보다 4~7% 포인트 더 높은 주식 수익률을 가지고 있다는 것을 발견했다.

이해관계자 참여 문제와 관련하여, 사회적 자본 투자를 통해 쌓은 기업과 이해관계자 및 투자자 간의 신뢰는 기업과 시장에 대한 전반적인 신뢰 수준이 부정적인 충격을 받았을 때 성과가 있다는 연구 결과도 기록됐다. 한 연구에서는 연구자들이 2008~2009년 금융 위기 동안 기업의 ESG 실적 평가를 측정했을 때, 사회적 자본이 많은 기업은 사회적 자본이 적은 기업보다 4~7% 포인트 더 높은 주식 수익률을 가지고 있다는 것을 발견했다.

너무 많은 기업이 실질적인 환경·사회적·지배구조 우려를 해소하지 못한 채 ESG 보고를 홍보 캠페인으로 활용했다는 회의적인 시각과 함께 투자자와 국민이 진정한 노력과 '이미지 세탁'을 구분하지 못하는 것에 대한 두려움이 존재한다. 반면, ESG 성과를 전달하기 위해 정직한 노력을 기울이고 있는 기업들은 기관 투자자, NGO 및 이해관계자 그룹의 수많은 정보 요청은 말할 것도 없고, 사용할 수 있는 대체 보고 프레임워크에 압도당하고 있다.

ESG 지표의 정당성, 신뢰성 및 가치 관련성을 확립하는 것은 앞으로 나아가기 어려운 부분이다. ESG 지표에 대한 관심이 낮아지는 것처럼 보이지는 않지만, ESG 지표의 유용성과 가치 관련성에 대한 합의 없이는 이에 대한 노력이 지연될 것이라는 우려가 커지고 있다.

마찬가지로 ESG는 커다란 화두임에 틀림이 없지만 보다 현실적으로 경영에 스며들기 위해서는 보다 강력하고 명확한 메시지가 필요하다. ESG에 적용되는 신기술의 출현은 경영자에게 구체적인 실천 가이드를 줘야 한다. 경영자도 자신의 사업에 ESG를 도입하는데 있어서 보다 진보된 관점을 가져야 한다.

경영자가 ESG를 활용하여 더욱 경쟁력을 높이려면, ESG를 전략적으로 활용하여야 한다. 전략적 적용과 함께 조직의 평가 시스템도 함께 구축해야 한다. 기업은 상시적으로 ESG의 도입과 실행에 대해서 모니터링도 해야 한다. 왜냐하면 ESG는 기업 경영활동의 장식품인 활동의 일부가 아니라 기업전체이며 관련공급처와 판매처에 이르는 광범위한 활동이기 때문이다.

이제까지의 경영기법 도입의 성과는 기업에서 자체적으로 평가하거나 수많은 외부기관의 평가지표를 통해서 얼마나 잘하고 있는지를 알아보고 발표해 왔다. ESG의 경우는 다양한 경영기술이 접목함으로써 세계적인 표준평가와 과정관리 기법을 강화하고 있다. 기업이 ESG 표준의 준수를 얼마나 하고 있는가에 대하여 대시보드Dash Board화 하고 있다. 다음 그림에서 보는 것처럼 ESG의 대시보드는 기업의 ESG의 수준을 한 눈에 볼 수 있게끔 만든 것이다.

대시보드는 투자자에게 나침반이 되기도 하지만 필연적으로 평가와 연결되기도 한다. 애플Apple사는 경영진의 현금 보너스 결정에 ESG 경영 성과를 반영할 계획이라고 한다. 비단 애플뿐만이 아니라 많은 기업에서는 이미 ESG경영성과를 평가에 반영하려는 다양한 시도가 진행되고 있다. 독일 최대 은행 도이치 뱅크Deutsche Bank도 2021년부터 고위 임원들의 성과급을 ESG 성과 기준에 따라 결정하겠다고 한다. 구체적으로는 지속 가능한 금융 및 투자 프로젝트의 연간 성과, 5개 ESG 평가 기관의 지속 가능성 성과 평가, 은행 내부의 에너지 소비 절감 수치 등을 기준으로 경영 실적을 평가하겠다는 것이다. 평가는 경영진들이 ESG 목표를 달성하지 못하면 임금이 삭감될 수 있다는 것을 의미한다. BMW도 임원들의 보수를 탄소 배출 감축 목표에 따라 결정할 것이라고 밝힌 바 있다.

ESG를 성과평가에 반영하는 것에 반대하는 의견도 만만치 않다. 반대하는 사람들은 "ESG는 지향점이지 성과KPI가 아니라며 이에 보상을 해줘선 안 된다"는 것이다. 장기적인 지향점으로 삼아야 할 목표가 단기적인 성과로 측정될 수 있으므로 임원의 단기 성과를 평가하는 지표로는 적절치 않다는 것이다. 이런 반대의견에도 불구하고 많은 기업에서는 평가지표가 만들어지고 빠르게 확산되어가고 있다.

ESG 데이터에 대한 투자자의 관심은 빠르게 증가하고 있다. 2008년 금융위기 이후부터 본격적으로 제기되었던 자본주의 시스템의 한계와 양극화와 환경 파괴 등의 지속 가능성 이슈는 이제 와서야 본격적으로 실행의 수레바퀴를 움직이기 시작한 것이다. 아직도 해결하지 못한 시급한 문제가 곧 ESG의 실천 이슈라는 믿음이 커지면서 많은 이해 관계자들의 강력한 방향타가 되고 있다. 방향타는 측정도구를 달고 기업의 변화를 강력하게 촉구하게 되었다.

이제는 또 하나의 재편이 이루어지고 있다. 자본주의와 기업의 행동이 바뀌기를 기대하고 기업의 공공적인 책임을 늘리기를 요구하고 있다. 기업의 변화가 직원, 고객, 환경 및 지역 사회에 더 나은 결과를 가져올 수 있다고 제안하고 있다. 투자자들은 ESG 데이터가 자신의 관점에서 가치와 관련이 있으며 기업이 보다 많은 선을 행하라고 권고하고 있다. 투자자 또한 선한 투자를 할 것이라고 다짐하고 있다. 실천수단은 ESG 데이터이고 이를 사용한 투자자는 더 나은 투자 결정을 내릴 수 있다는 것이며 그 결과를 널리 공개하면 시장 효율성이 향상 될 것이라고 생각한다.

미래를 예측하는데 있어서 앞으로 ESG 지표의 광범위한 채택이 일어날지 아닐지는 속단하기 쉽지 않다. 아직도 시작단계이기 때문이다. 그러나, ESG지표가 보다 광범위하게 채택된다면 기업의 본질적인 변화는 필수적이 될 것이다.

ESG는 한 순간에 나타났다 사라지는 일시적 기법이 아닌 것이 되었다.

ESG를 도입하려는 기업들은 ESG보고서를 홈 페이지에 게시하려는 것만으로 도입목적을 삼지 말아야 한다. ESG는 환경-사회적 역할-지배구조의 각 평가요소에 맞추는 단순한 활동이 아니고 랭킹을 매기는 활동은 더더욱 아니다.

ESG는 그 자체로 신기술의 적용활동이고 세계 표준에 기업을 맞추는 활동이며 전략적인 활동이다. 경영자는 ESG를 도입하여 신기술의 적용을 과감히 시도해야 한다. 자신의 기업 활동이 세계 표준에 맞는지를 확인해야 한다. 전략적으로 도입하고 활용해야 한다. 조직의 노력이 단순히 비용Cost으로 끝나지 않고 투자Invest가 되기 위해서는 보다 장기적인 목적을 달성할 수 있는가를 고려해야만 한다. "당신이 원하는 것을 아는 것이 그것을 얻는 첫 번째 단계입니다Knowing what you want is the first step toward getting it"라는 유명 여배우의 말은 경영자가 되새겨야 할 문구이다.

ESG는 기업활동의 새로운 평가 지표이다. ESG의 궁극적인 목적함수는 '신뢰'이다. 신뢰는 기업의 장기적인 지속성을 보장하고 미래를 열어주는 열쇠이기 때문이다.

경영자는 흐름을 바라보는 냉철한 관점Perspective이 필요하다. 경영자는 ESG에 대한 명확한 관점을 가져야 한다. 특히 세 가지의 관점은 필수적이다. 그것은 선진화 관점Advanced Perspective, 글로벌 관점Global Perspective, 전략적 관점Strategic Perspective이다.

에필로그

오랫동안 경영현장에서 영업을 했습니다. 물론, 성공도 하고 실패도 해보았습니다. 어떤 경우에 성공하고 어떤 경우에 실패하는가를 생각해 봤습니다. 그러던 중 최근에 제가 잊고 있었던 것 한 가지가 불현듯 생각이 났습니다. 사회생활을 시작했을 때 제약회사의 영업사무소에 붙여져 있던 글귀였습니다.

"생각이 바뀌면 행동이 바뀌고 행동이 바뀌면 습관이 바뀌고 습관이 바뀌면 인생이 바뀐다"

그렇습니다. 영업의 시작은 마음관리입니다. 성공과 실패를 가르는 중요한 포인트도 마인드에 있습니다. 조직관리의 시작도 다르지 않았습니다. 조직에서 마음을 얻지 못하면 성과는 기대할 수 없었기 때문입니다.

지금은 우리의 상황에 대해서 다시 생각해 봐야 합니다. 우리가 개인기로 조직관리를 하는지 조직력으로 움직이고 시스템이 움직이고 있는 지를…

일반적으로 논리적이고 머리 좋다는 사람이 하는 대표적인 실수는 "따지는 것"입니다. 그것도 논리적으로 따지는 것입니다. 그들은 논리적으로 따지기 이전에 상대의 마음을 얻고 있는가를 확인해야 합니다.

무지는 허황된 슬로건에서도 발생합니다. 예컨대, '파괴disruption적 혁신'은 멋진 말이지만 이로 인해서 많은 기업이 현실을 간과하도록 만들기도 합니다. 파괴적 창조와 혁신이 아니라 실질적인 현장의 문제와 영업방식을 우선 해결하는 것이 필요하다는 점을 명심해야 합니다.

“연구결과 이것이 우리의 부서 어느 곳에서도 노력을 하지 않음에도 소비자가 우리 제품을 구매할 가능성입니다.”

위 글귀는 0%라는 슬라이드 차트를 가리키며 프레젠테이션을 하고 있는 풍자만화에 들어가 있는 얘기입니다. 경영자들은 일상에서 많은 노력을 하고 있습니다. 그들 노력의 어느 정도가 현장의 영업활동 개선에 쓰이고 있는지를 돌아볼 시간입니다. 내일이 아니라 지금이 그 시간입니다. 단순히 고객에 맞추는 시대의 영업은 지났습니다. 이제는 맞추는 노력에서 영업이 고객을 리드할 수 있도록 노력을 해야 합니다. 0%를 벗어나려면 말입니다.

우리는 COVID-19 위기의 시대를 지나고 있습니다. 어쩌면 지금쯤에는 최고점을 넘어간 듯한 느낌도 듭니다. 평론가들은 사업의 기회라고도 합니다. 미래를 볼 줄 모르는 사람들은 기회인지 위협인지 잘 모를겁니다. 위기일 수도 있고 어쩌면 기회가 맞을 수도 있을 것입니다. 그럼에도 불구하고 영업은 언제나 오르락 내리락 합니다. 이러한 시대에 확실하게 믿어야 할 것은 단 하나입니다. 신뢰를 위한 행동입니다. 신뢰는 일관성에서도 나오고 꾸준함에서도 나오며 디테일에서도 나옵니다. 입니다. 일관성, 디테일, 꾸준함을 상징하는 한 마디는 실행입니다.

이 책은 단순히 영업의 스킬을 말하지 않았습니다. 그렇게 쓰려고 하지도 않았습니다. 어쩌면 현장의 많은 분들이 스킬이 더 뛰어날지도 모르기 때문입니다. 이 책은 모든 것을 꿰뚫어 볼 수 있는 듯 쓰여진 병법서는 아닙니다. ‘관심법’을 말하지도 않습니다. 한 가지 확실한 것이 있습니다. 이 책은 관점Perspective을 확실히 제공해 줄 것이라 확신하고 쓴 책입니다. 시종일관 관점을 주고자 노력하며 쓰여진 책입니다.

이 책의 시작과 끝은 현장이고 고객입니다. 바라보는 관점의 변화입니다.

저/자/소/개

최 용 주

서울과학종합대학원(aSSIST) 교수 겸 부총장으로 재직 중이다. 제약회사와 식품회사의 현장 사업본부장, 부사장, 컨설팅사의 대표를 역임하면서 학계(Academy)와 업계(Business), 컨설팅(Consulting)의 ABC 분야에서 두루 경험을 쌓았다. 2013년에 국내 최초로 '영업혁신 MBA(Sales Innovation MBA)'를 만들어 영업이라는 주제를 학위과정으로 개척하였다. 최근에는 영업관련 교육과정을 한 단계 높이기 위하여 알토 대학교(Aalto University), 퍼듀 대학교(Purdue University), 비엔나 대학교(Vienna University) 등 세계적인 대학들과 협력 프로그램을 적극적으로 진행하고 있다. 산업계에도 많은 역할을 하고 있는데 국내 유수기업의 영업현장에 대한 자문활동과 영업 관련 칼럼니스트로도 분주한 나날을 보내고 있다.

지은 책으로 《중장기 경영 계획의 수립과 실행》, 《영업의 미래》 옮긴 책으로 하버드 대학교의 프랭크 세스페데스 교수의 "Align Strategy and Sale"을 번역한 《영업혁신》이 있다. 이 밖에 《작은 음식점 흑자경영의 원리원칙 100》 도 번역한 바 있다.

CEO 영업교과서
고객을 리드하는 영업의 해법

2022년 3월 7일 | 1판 1쇄 인쇄
2022년 3월 11일 | 1판 1쇄 발행

지 은 이 | 최용주
발 행 인 | 김은중
발 행 처 | 서울경제경영출판사
북 디 자 인 | (주)우일미디어디지텍

주 소 | 03767 서울특별시 서대문구 신촌로 205, 506호
전 화 | 02)313-2682
팩 스 | 02)313-8860

등 록 | 1998년 1월 22일 제5-63호

ISBN : 979-11-6282-088-9 (93320) 정가 16,000원